KUWEI
酷威文化
图书 影视

想和大家一起，也想一个人待着

［韩］沈庭佑 著

毛雨松 译

四川文艺出版社

> 序言

真的有人更倾向于
保持社交距离吗？

一直以来习惯保持社交距离的人们

  我的脑海中经常浮现这样的场景，在中午用餐时间，公司内部食堂里，以前，同事们相对坐着，一边吃饭，一边聊天，就着一盘盘小菜，似乎有说不完的话。后来，他们全都面朝同一堵墙坐着，呆呆地看着电视，吃着饭。再后来，出于防疫需要，公司在食堂的每张餐桌上放置了丙烯隔板，用餐的人们抬头看到的，不再是同事的眼睛，而是那张写着"用餐后请及时戴好口罩，请勿闲聊"的标语贴纸。一开始，有人尝试隔着丙烯隔板聊天，就像《家族娱乐馆》[①]一样，但后来，大家都渐渐适应了这种静悄悄吃饭的饮食习惯。

  就在大多数人为这种变化感到痛苦时，有一群人反而觉得这

[①] 韩国KBS电视台1984—2009年每周六晚上播出的一档娱乐节目，全家人可以在周末晚上一起观看。该节目中的一个环节便是两位嘉宾隔着板子用身体语言来说明词语的意思。（全书注释均为译者注。）

种生活更舒服。在人们适应了沉默的生活之后,"等新冠疫情结束之后再见面吧"成了他们拒绝社交的完美答案。为这种改变感到心安的人们便是拥有"内向型"[①]人格的一类人——MBTI中以"I"开头的那类人。

"戴着口罩可以挡住我的表情,反而更自在""不去公司开会真的再幸福不过了"等都是内向型人格的表现。如果您是从出生到成年都一直与他人保持社交距离的朋友,在读到这段文字时,也许会安静地点头,表示认同。

因社会生活感到疲惫的内向型人的一天

我刚进公司不久,有天午餐时间,我一个人安静地吃着饭,却被想搭话的前辈盯上了。生来就是内向型人格的我,不管在心中按下多少遍"Ctrl+F",也找不到那段对话的主题。我实在不知道要说什么,内心忐忑地狼吞虎咽后,拖着疲惫之躯回到办公室,继续下午的工作。

工作了一会儿就到了下午四五点,偏偏那天组长心情好,想

[①] "内向型"是荣格提出的人格的两种类型之一,与"外向型"相对。内向型的人,会将心理能量指向个体内部的主观世界,注重精神上的满足,倾向于通过独处或思考来恢复活力。

请大家吃下午茶，组员们高兴地看起了菜单。下午茶送到后，组员们暂停手边繁忙的业务，集合在会议室，关上门，在桌上铺好报纸……大家再一次围桌而坐，一边吃着小吃，一边你一言我一语地交谈着。健谈的前辈开了个玩笑，大家就好像被点中了笑穴一般叽叽咯咯地笑，而我正控制着面部肌肉，勉强挤出笑容，意识到自己与他们如此格格不入。

我曾经看过一部早期的好莱坞科幻恐怖电影《天外魔花》(*Invasion of the Body Snatchers*)，外星植物的种子随着雨水降落到旧金山的土壤，外星植物趁人们睡觉的时候抢走他们的身体，并依照人类的精神与记忆模仿他们。人们为了抵抗这些天外来客的入侵，有的逃往别处，有的隐藏自己的真实想法，模仿外星人的行为。在看这部电影时，我有一种奇妙的感觉，好像在哪里见过这样的场景。

为什么现实生活中的我活得像电影中的人们一样？

不管怎么想，问题都好像出在我身上……

好！我决定要做一个外向型人！

"你准备得很充分。"

这是大四最后一个学期，我参加某个火灾保险公司的入职面试，结束后面试官对我说的话。只有包括我在内的两名同学参加了最后这场面试，本来一切都进行得十分顺利。"最后两位还有什么想补充的吗？"面试官话音刚落，邻座的同学霍地站起来，大喊一句跆拳道开始前的口令，开始了他的精彩演说。这位同学向面试官展示了自己从小学习跆拳道，性格外向活泼，积极参加各种校内外活动。

接下来轮到我发言了。我花了一秒钟时间苦恼：到底说什么才能超过那位同学，给面试官留下深刻的印象呢？接着我犹豫地起身，不自觉地用力握紧了拳头说道：

……我也有信心。只要把任务交给我，我就会努力做到最好！

面试官听完，嘴角浅浅地散开一抹笑容，结果那次面试我落败了。毕业即失业的我，脸色比任何时候都要黯淡，并以这种状态和爸妈拍了毕业照。从那时起一直到第二年的求职季，自我介绍了不下50遍的我下定决心要向积极进取的外向型人看齐。虽然极度讨厌被外向型人轻松掌握节奏的群面，但一想到这仅有一次的面试机会关系着我的职场和人生，就觉得改变自己的性格在饭碗面前根本不算什么。我可以若无其事地与初见的面试者勾肩搭背，蹦跳着跑向座位坐下；在面试官面前表现自己，以获取更高的分数；为做小组汇报举起颤抖的手，同时脸和脖子涨得通红。不知道是不是自己的这一系列做法行之有效，我幸运地通过了面试。现在，我已成为拥有八年工作经验的职场人了。据面试我的前辈说，最初我活泼的模样的确让他们眼前一亮，但后来这位前辈给我取了个外号，叫"求职骗子"。

如果你认清了自己，人生便会发生改变

仿佛惯性定律发挥了作用，我扮演外向型人的戏码没有持续很久。作为具有内向型人格的职场新人，与人打交道在所难免，而每当遇到这种场合我都感到害怕、难受。对我来说，公司只是一个赚钱糊口、将就工作的地方。"公司—家—公司—家"的路线不断重复，与其说工作累人，不如说每天两点一线的生活让人感到疲惫。人们本分生活、努力奋斗换来的，却是一次一次、或大或小的崩溃。在经历了一两年的试错之后，我的社会生活开始出现转机。因为不知什么时候，我明白了我痛苦的原因：我从来都不了解自己，不知道自己喜欢或讨厌什么。

尤其像我这样的内向型人经常会自我否定："我的性格是不是有问题？好像只有热情大方、开朗健谈、说话声音洪亮的人才能

与他人友好相处，他们会主动和别人约午饭，积极参加各种酒桌聚会……可是这些我都做不到！我生来就不适合与人交往。"其实并非如此，外向型人也存在缺点，内向型人也有属于自己的独特优点，更何况内向型人并不算少数，社会上一半以上的人都是内向型人，只是他们社交能力不强不够醒目罢了。对于内向型人来说，我们要先认清自己是什么样的人，对自己了解不够的人是不会幸福的。当你更多地关注自己的优点而非缺点，拥有着积极的人生观，你的人生就会发生令人惊喜的改变。

为内向型人而作的应援曲

众所周知，人是社会性动物，谁也无法回避社会生活。如果你因社会生活而深受折磨，如果你因为人际关系比工作更难应付而想过辞职，如果你悲观地看待内向性格而曾经自我折磨，这本书便是为你而写的应援曲。我们无法改变他人的想法，但可以改变我们自己的想法。就在此刻，如果你想要换个方式生活，不妨找一个只属于你自己的舒适空间，翻开这本书。隔绝外界不必要的噪音，从第一章开始读起，拥有思考自我的时间。只要好好地观察自己内向的心灵，你就能比以前更懂得尊重、爱护自己。我真诚地期待这样的你。

目 录

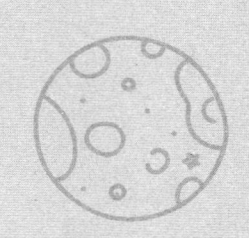

第一章 想和大家一起，也想一个人待着

我想要一个人待着，真的没关系吗？ ······ 003
通过 MBTI 了解 8 类内向性格 ······ 008
内向者的身体 VS 外向者的身体 ······ 017
去寻找藏在体内的外向性格 ······ 023
人会变 VS 人不会变 ······ 029

第二章　内向者的社会生活

内向者的压力管理法 …………………………… 039
如何说一口流畅的韩语？ ……………………… 045
答案是"small talk" …………………………… 051
把自信当作礼物送给自己 ……………………… 061
暂停思考，先行动吧 …………………………… 066
运气通过与人交往而传递 ……………………… 072
成为主动联系的那个人 ………………………… 078
内向者的恋爱有什么不同？ …………………… 082

第三章　发挥内向者的优点

冷静，培养信任的工具 —— 091

细腻，优秀的人所具备的条件 —— 098

思考力，理性思维的基础 —— 105

独立，明白自己想要什么的能力 —— 112

第四章　无须改变性格就能改变人生的方法

首先明确自己想要什么 ————————— 119

专注自己想要的，学会拒绝他人 ————— 125

展现你的内向性格 ————————————— 132

孤独但并不寂寞 —————————————— 137

运动、饮食、睡眠决定着我们90%的幸福 ——— 142

缓解工作压力的方法 ——————————— 151

逃离"公司—家"两点一线的日常 ————— 158

别等到陷入职业倦怠，才去休息 ————— 166

为什么内向者需要进行正念训练？ ———— 174

幸福始于感恩 ——————————————— 181

猫，内向者可爱的伴侣 —————————— 188

打造属于自己的空间 ——————————— 195

不要让手机夺走我们的时间 ——————— 202

第一章

想和大家一起，
也想一个人待着

我想要一个人待着，
真的没关系吗？

性格内向真的没关系吗？

我想要一个人待着，与人对话只会越聊越疲惫。比起大家聚在一起吃饭，一人食三角包饭更舒心，并非是讨厌那些人，况且前往聚会地点连10分钟都不到，但一想到回家之后可以舒服地休息，就对聚会提不起兴致。比起结伴回家，一个人回家更轻松，为了避免在地铁站遇到熟人，故意走远去两端坐车。

你是否也有过以上想法呢？如果是的话，你肯定也苦恼过自己的性格是不是太过内向了。虽然内向不是什么障碍或疾病，但也不能算是积极的形象。我们很难听到父母苦恼地说，"我家孩子性格太随和了""我家孩子太外向了也让人担心"。多数情况下，父母都是为自己的孩子性格内向而发愁。

"我家孩子太内向了……"

这句话我从小听到大。在一场对话中，比起主导聊天，我更喜欢安静地旁听、安静地思考，可是如果一直保持沉默，就会有人示意我说几句。本来我是想说点什么，但别人的提醒让我想说的话到嘴边又止住了，我再一次陷入沉思："是该说点什么，但说点什么好呢？"本来想要发自内心去做的事，不敢轻易去做了。不知什么时候，被人们贴上了标签：安静、敏感、软弱、胆小、认生……与他人相处总会出现令人疲惫的状况，怎么想都是一个人待着更好。内向者想法多，在行动之前需要时间去思考、准备，这些在旁人看来，却成了消极的表现。内向者敏感，容易烦恼、焦虑，狭窄的交际圈还使他们面临被社会孤立的风险。然而，任何事情都有其两面性，人的性格也是如此。性格使然，内向者谨慎行事的风格能让他们较好地处理每件事。他们能够和少数人交心，进行深度的对话。认为一个人待着更自在，并不意味着性格内向的他们就要自我圈禁。

什么是内向型性格？

首先，让我们先了解一下什么是内向型性格。一个人的性格由许多种属性构成，内向型就是其中之一。"内向"一词，顾名思义，即倾向内在。内向型人的社会能量不是向外发散，而是储存在自己的内部世界，这种人会独自思索或是专心地集中于某件事，以此来获得能量。他们就像猫一样，保持着面包一般的姿势待在自己的领域，与主人保持一定的距离，一旦人靠近它，它就往后退。对他们来说，在喧闹的环境中与人们不断地交谈是最糟糕的事情，相比于说话，他们更多的是去倾听。

外向者与人相处时向外发散能量，同时能量得到补充。而内向者一旦长时间暴露在社交场合，就会像肥皂遇水一样溶化，变成小小的一块。

> 人群使我筋疲力尽，只有远离他们才能让我重新完整。
> ——查尔斯·布考斯基
> (People empty me. I have to get away to refill.——Charles Bukowski)

首次提出并使用"内向型""外向型"概念的人是卡尔·古斯塔夫·荣格，兼任心理医生及心理学家的他是MBTI——如今备受大家关注的性格类型测试——的祖师爷。荣格于1921年出版了《心理类型》一书，对性格进行了分类。根据荣格的说法，人的性格大体可分为内向型和外向型两种，然后他又把人们认识、感知世界的方式归纳出 4 种类型——感觉、直觉、思维和情感。因此人的性格可分为 8 种类型，该书主要对每一种性格类型的普遍特点进行要点概括。

你并非独自一人

外向者总是能够自信地微笑着与陌生人搭话，他们走到哪儿都受欢迎。然而对于有社交恐惧症的性格内向者来说，做出这种举动的概率趋近于零。难道内向者的交往对象只能是远距离的异乡人吗？如果说内向型是一种糟糕的基因，那为什么它没在人类进化的过程中被淘汰，最后只剩下外向者存活下来呢？而且在这个世界上，内向者比我们想象中的要多。根据统计，有 47%~55% 的美国人是内向型人，这意味着比起扩展人脉，有过半的人更享受一个人看书的时间。那为什么在这个世界上我们更常见的却是外向者呢？

内向者做自己的朋友，与同样是内向者的同类分享友情，内向者的社交圈不需要很多人。而外向者呢？与他们更合得来的是同样性格外向的朋友，他们拥有比内向者范围更大的人脉交际网。交际网里的外向者数量不断增多，内向者不断地减少，我们将其称为交际网的外向,这也是为什么我们感觉外向者数量更多的原因。

一群外向者相遇,若是彼此合得来,他们便会在SNS(社交网站)上分享在一起的照片。此时内向者不管在哪里,都还是过着属于自己的时间,有可能在家,也有可能在咖啡馆,还有可能在书店一个人看书。

自认为性格内向的朋友,不要担心,你并非独自一人。这本书想要告诉你,虽然你安静、敏感、寡言少语,但是你冷静、思想深邃、心思细腻,保持原样地做自己,你也可以幸福。

通过 MBTI
了解 8 类内向性格

MBTI 的由来

如今，MBTI 测试十分流行，YouTube（油管，视频网站）、新闻报道、网络漫画……它的身影几乎随处可见。某天，我在咖啡店，无意间听见邻座高中生们的对话，他们正热烈地讨论着自己和朋友们的性格类型——主题就是 MBTI。谁曾想到 MBTI 能成为热门话题？一点儿也不夸张地说，MBTI 已成了当今网络世界里人们的基本属性。不同性格类型喜欢的音乐、使用的学习方法及理财技巧等此类五花八门的内容在网上随处可见。这让人不禁感慨，对这 16 种性格组合了如指掌的 MZ 世代[①] 真是了不起的一代。

[①] M 世代和 Z 世代的合称，M 世代即千禧一代，指 1980—1995 年出生的人们，Z 世代指 1995—2009 年出生的人们。

下表是社交网络上人们对MBTI性格类型的称呼。想要与MZ世代对话得做足功课。

类型缩写	ENTJ	ENTP	ENFP	ENFJ
称呼	指挥官	辩论家	竞选者	主人公
类型缩写	INTJ	INTP	INFP	INFJ
称呼	建筑师	逻辑学家	调停者	提倡者
类型缩写	ESTJ	ESFJ	ESTP	ESFP
称呼	总经理	执政官	企业家	表演者
类型缩写	ISFJ	ISTJ	ISTP	ISFP
称呼	守卫者	物流师	鉴赏家	探险家

发明MBTI的人是美国的一对母女。母亲凯瑟琳·库克·布里格斯是农业专业，女儿伊莎贝尔·布里格斯·迈尔斯是政治专业，母女二人均以专业第一名的成绩学成毕业。虽然她们不是心理学专业出身，但都深受卡尔·荣格人格类型学说的影响，是该学说的忠实拥护者。凯瑟琳研究荣格理论长达5年，并在其基础

上增加了自己的看法。此后为了让大家了解荣格的理论，凯瑟琳在杂志上发表了一篇文章，题目为《遇见自己：性格颜料盒的使用法》，文章里主要是一些测试内容，能够让读者更直观地了解自己的性格。

1926年，凯瑟琳设计出了一套可操作的性格测试。首先，她准备索引卡片，在上面写上荣格理论下的每一类性格和对应特点。内、外向性格各制作8张，一共16张卡片。随后将这些卡片平铺在桌面上，打乱顺序，按照与本人性格相符程度的高低，对这些打乱顺序的卡片进行排序，通过这些卡片的排列结果就能确定一个人的性格类型，这就是早期的MBTI测试。这个简单的测试当时在社会上引起了一番激烈讨论，人们都期待着发现、了解自己并优化自己的人生。那时以I开头的8种内向型性格构成了MBTI的基础。

16种性格类型

从20世纪40年代发展至今，MBTI测试的测试方式已经变成了选项问答。凯瑟琳和伊莎贝尔想要了解人与人之间的矛盾与差异，或许她们认为，如果人们对个体的差异多一些了解，世界就会变得更加和平。荣格将人的性格分成8类，母女二人则在原先的基础——外向（E）与内向（I），感觉（S）与直觉（N），思维（T）与情感（F）上，增加了判断(J)与知觉(P)两个要素，组合之后诞生了16种性格类型。我们举一个 ISTJ 型人的例子来说明 MBTI。相比于外向型（E），他更符合内向型（I）；比起直觉（N），他更依赖感觉（S）；比起情感（F），他的行动决策都基于思维（T）；再加上他更多地凭借想法和情感来生活，由此判定他符合判断型（J）。

· MBTI 性格类型的含义

下表中的四个维度，反映了人们的先天喜好对其自身行动的影响。

维度	内向型与外向型——朝哪个方向消耗能量？		感觉型与直觉型——以何种方式感知信息？	
	外向（E）	内向（I）	感觉（S）	直觉（N）
	Extroversion	Introversion	Sensation	Intuition
含义	关注外界，从外部世界获取能量。交际圈越大越好。	关注内在，聚焦自己的内心世界，朋友不在多交而在深交，性格安静沉稳。	相信自己的感官知觉，忠实于经验与实际。	相信自己非客观的、下意识的直觉。

第一章 想和大家一起，也想一个人待着

续表

维度	思维型与情感型 ——通过怎样的过程做决策？		判断型与知觉型 ——以何种方式生活？	
	思维（T）	情感（F）	判断（J）	知觉（P）
	Thinking	Feeling	Judging	Perceiving
含义	在以事实为基础进行合乎道理、逻辑的推断后做决定。	在以感性反应为主的主观感受的基础上做决定。	计划明确，目标清晰。	计划和目标根据情况可做调整，时常进行信息更新。

我们可以看到内向和外向的区别体现在 I 和 E。比起外界，内向型（I）人更专注于自己的内心世界，人际关系在精在深不在多和广，他们性格安静稳重，相较于说话，更偏爱文字表达。外向型（E）人与之相反，注意力和能量均向外散发，在与人相处的同时自我充电，比起沉思更擅长言说。如果再加上心理类型的其余要素——感觉与直觉，思维与情感，判断与知觉，情况也会变得更复杂。这让人想起小时候玩的游戏，我们在白纸上画脑袋、眼睛、鼻子、嘴巴，然后将它们组合成人偶。

情绪内敛的内向者与情绪外放的内向者

一般情况下，内向者不会将自己的情绪向外界表现。然而根据 MBTI 专家保罗·D. 泰戈尔（Paul D. Tieger）和芭芭拉·布朗-泰戈尔（Barbara Barron-Tieger）[1]的说法，并不是所有的内向者都是面无表情的。16 种性格类型中有一半会对外隐藏自己的情感，其中也包括 E 打头的性格类型，它们便是以 FP（情感知觉型）和 TJ（思维判断型）结尾的 ISFP、INFP、ESFP、ENFP 和 ISTJ、INTJ、ESTJ、ENTJ。具有这些性格的人会掩藏自己的情绪，他们关注的对象不是别人而是自己。他们表情呆滞，目光忧郁，尽管会对亲近的人展现出特别的一面，但看起来还是一脸淡漠的模样。

与上述人群相反的 FJ 型和 TP 型对待人际关系持积极态度，他们会表现出对他人的兴趣，尤其是营销从业人员，他们能够非常敏锐地察觉到顾客想要什么。因为本身比较在意他人的眼光，所以他们也十分关注自己的外表，通过观察他们的脸，你可以得知他们的情绪是积极还是消极。这些人对应的性格类型是 ISFJ、INFJ、ESFJ、ENFJ 和 ISTP、INTP、ESTP、ENTP。FJ 型人能够很好地与他人共情，且能够清晰地表达自己的意愿，通过表情传达自己的

---

[1] Paul D. Tieger 和 Barbara Barron-Tieger 既是夫妻，也是学术研究伙伴。他们二人在性格类型模型的应用领域享有最高权威，为人认可。

情绪。TP型人则比较客观,为了达成自己的目的会与他人建立友好的关系,重视自己的实际利益。有趣的是,FJ型与TP型既具有外向型的一面,也具有内向型的一面。

·情绪内敛的内向者与情绪外放的内向者

类型	ISTJ	INTJ	INFP	ISFP
偏向	内向,感觉,思维,判断	内向,直觉,思维,判断	内向,直觉,情感,知觉	内向,感觉,情感,知觉
含义	有责任心,勤恳、细心,性格安静,生活充实,注意力集中,不相信自己没有体验过的事物。	具有创造力,奇思妙想,直觉敏锐,善于发现自身不足,好奇心强,对事实的感知能力较弱。	喜欢静静地思考,执着于事物的意义,追求和谐和真实,对陌生人冷淡,对熟人热情。	自我,谦虚,现实,善于观察,善于维系与他人的关系,懂得随机应变,容易变得悲观。
	TJ型与FP型:情绪内敛,表情木讷、冷漠。			

类型	ISTP	INTP	ISFJ	INFJ
偏向	内向,感觉,思维,知觉	内向,直觉,思维,知觉	内向,感觉,情感,判断	内向,直觉,情感,判断
含义	实用主义,客观,冷静,沉稳,善于思考,适应能力强,知性,喜欢独处。	逻辑性强,分析能力佳,独立自主,聪明自信,追崇权力,想法多。	谨慎,在意归属感,勤勉,充实,分析能力强,感性,不擅长应对不确定性。	勤恳,想法独到创新,性格温和,谨慎且敏感,偶尔会看不清现实真相。
	TP型与FJ型:情绪外放,相比于FP型和TJ型,对他人更感兴趣。			

MBTI 测试非常通俗易懂，这有助于人们推测自己和他人的性格。人们只要摸清楚这 4 个字母，就可以大概知道对方是个怎样的人，因此就可以根据情况提前做好准备。

可惜的是，MBTI 性格类型只有这 16 种，无论怎样都无法囊括全球将近 80 亿人的性格类型。联想到我们去国外旅行常常携带的转接插头，世界上的插头共有 15 种，MBTI 性格类型正好比插头的种类多 1 种。仅凭 MBTI 测试来说明每个国家每个人的性格，这是不是有点勉强呢？

灵活运用 MBTI —— 探索喜好偏向而非性格类型的工具

我们可以把 MBTI 测试看作一种了解我们在何种情况下更自在的工具，即了解我们自身先天取向的工具。将人的性格严格地分为 16 种，还要对其做出解释，就算是 MBTI 最初的理论创立者卡尔·荣格也没有办法做到。

打个比方，如果有的人在陌生的环境会感到极其不自在，只有和熟人待在一起才安心，那么此人大概率是内向者里面比较厌世的那一类人。了解到自己性格内向以及在一些情境下的喜好偏向之后，你可以将这些测试结果当作参考，这是没有问题的。也就是说，我们没必要用"I 打头的类型"等标签来束缚自己。

心理专家们也都建议,大家不要过分地将 MBTI 的测试结果奉为圭臬。首尔大学医院江南中心心理健康医学科教授尹大宪(音译)说:"MBTI 之所以能有如此人气,是因为人具有以下两种本能,一是'归类本能',即人类渴望被归类,还有就是'差距本能',即人人都想要与众不同。"

大家不妨这么想,MBTI 的测试结果得出的性格,与其所对应的优缺点并不等于你本人。你可以适当地把它作为理论参考,同时把更多的时间留给自我省察的冥想。

内向者的身体 VS 外向者的身体

为何我的性格天生就如此？

大家都是人,可性格为何如此不同呢?为什么我天生就是内向型性格呢?我的内向型性格到底是从哪儿来的呢?相信内向者多少都会有这些想法吧。如果我们以脑科学的视角看待这些问题,便可以得知其中的根本原因。

位于我们脑部的下丘脑负责控制人的体温、摄食、情绪等,它通过参与调节自主神经系统调节身体的各项功能。自主神经系统又可分为交感神经系统和副交感神经系统,它们负责人体的意识行为和无意识行为。当人受到外部刺激时,脑内会分泌多巴胺,多巴胺可以激活交感神经,赋予身体活动的动机,刺激行为发生。相反地,如果身体需要放松,脑内神经元就会分泌乙酰胆碱。乙酰胆碱能够抑制我们体内的兴奋,让我们冷静下来。因此,内向者的副交感神经系统发达,外向者的交感神经系统发达。

除此之外,内向者和外向者对神经递质的"喜爱程度"也不同,这就和每个人对肉食和素食的喜爱程度不同是一样的道理。乙酰胆碱之于内向者如同多巴胺之于外向者,均被视作代偿物质。这两种神经递质在产生时,它们所对应的内向者或外向者的大脑会感到幸福和满足。多巴胺由大脑黑质和中脑腹侧被盖区分泌产生,由于内向者脑中该区域的反应低下,也就不会主动获取多巴胺补给。而乙酰胆碱则由大脑的中枢神经系统分泌产生。大脑的代偿通路不同,获得多巴胺和乙酰胆碱的方式也不一样。

乙酰胆碱之于内向者,多巴胺之于外向者

乙酰胆碱能让内向者放松,让他们的心平静下来。如果内向者想要一个人待着,想要把注意力投放在自己身上,他们的大脑就会分泌乙酰胆碱。在安静的咖啡馆听着舒缓的音乐,或用耳机听 ASMR[①] 时也是如此,总之,关注自己的内心世界就能让大脑分

[①] ASMR:全称 Autonomous Sensory Meridian Response,译作"自发性知觉经络反应",特指为刺激视觉、听觉、触觉、嗅觉或者其他感知时,能使人在颅内、头皮、背部或身体其他范围内产生一种独特的、愉悦的刺激感。

泌乙酰胆碱。反之，多巴胺不仅无法成为内向者的代偿物质，还会让内向者变得敏感，就好像酒量弱的人少量饮酒都会脸红，因此促使多巴胺分泌的一些新鲜体验和刺激会让内向者变得疲惫。由于以上几点原因，内向者需要大量自我充电的时间。

多巴胺是一种能让外向者感到幸福、快乐的神经递质。外向者可以通过闲聊、派对、社交集会、动感的音乐、异性、美味的蛋糕、性等活动来促进多巴胺分泌，从而让自己得到充电。多巴胺带来的快乐过于甜蜜，人们尝过一次便会不断地重复之前的活动，只为了获得更多的满足。多巴胺无法成为内向者的代偿物质，乙酰胆碱也无法成为外向者的代偿物质。如果不能认识到这一点，你的活动和身体就会像《伊索寓言》里面的狐狸与仙鹤，给予的关怀并不是对方想要的，变成了相互折磨。

·分泌乙酰胆碱的活动

拥有自己的时间，和熟人小聚，听（处在）宁静（环境）的音乐，沉默，思考，阅读，散步，慢生活。

·分泌多巴胺的活动

社会活动，参加规模大的派对，社交集会，性生活，听摇滚乐，吃东西，谈恋爱，接触新鲜事物，旅行，运动，让自己忙起来。

造成内向者与外向者性格差异的 D4DR 基因

内向者与外向者的基因结构也不同。名为 D4DR 的基因位于人体第 11 号染色体上,这个基因与多巴胺的关系密切。据美国马里兰州国家癌症研究所的迪安·哈默[1]所说,D4DR 基因的长度越长,人对多巴胺就越不敏感,因此更加追求新鲜感;反之,D4DR 基因的长度越短,人对多巴胺就越敏感,故而对新鲜事物渴望不高。对多巴胺不敏感的人在获得多巴胺之前会不停地重复某些行为来满足自己;相反地,对敏感度高的人来说,他们已经拥有充足的多巴胺,因而会尽量减少外界刺激。前面的描述更符合外向者,后面的描述更接近内向者。无休止的对话、密集的人群、一个接一个的约会……这些对内向者来说,可以算是多巴胺量超标了。

内向者与外向者具有不同的网状激活系统

美国心理学家彼得·霍林斯[2]的研究证明了为什么内向者对外部刺激更敏感。大脑的网状激活系统将感觉信息传达给大脑,控制人们皮层觉醒和感知刺激的程度。网状激活系统越活跃,传入

---

[1] 迪安·哈默(Dean Hamer):美国遗传基因领域权威科学家。
[2] 彼得·霍林斯(Peter Hollins):畅销书作家,人类心理学研究员。

大脑的感觉信息越多，人对外界刺激也就越敏感。英国心理学家汉斯·J.艾森克[1]研究发现了内向者皮层觉醒的程度要更高这一事实。觉醒程度越高，大脑运作的速度越快，也就越容易疲劳，所以进行同样的社会活动，敏感的内向者会更先疲倦。想象一下，一群人在咖啡店里围坐着聊天的场景，这对外向者来说是休息，但对内向者来说是过度的刺激。

相反地，外向者的网状激活系统的活跃程度低下，脑皮层的觉醒程度也不高。比如对辣椒素感觉迟钝的人就算吃一大把辣椒也不觉得辣，就算外界刺激很多，这对外向者来说，也算不上过度刺激。因此，外向者会通过他人络绎不绝的称赞、职场的成功、社交活动、与异性邂逅等活动来让自己感到刺激与兴奋。因此，先天的体质与后天的环境和经验，共同塑造了一个人的性格。

"我怎么这么内向呢？""我努力了，但怎么性格还是这样子？"如果你也为这些问题苦恼过，不妨去了解一下身体的内在机制，科学地看待问题。要明白每个人变幸福的方法各有不同，去探究自己容易感到疲惫的原因，以及这种情况下自我充电的方法。

就像仔细阅读关于自己的"使用说明书"，并将其内容熟记于

---

[1] 汉斯·J.艾森克（Hans Jurgen Eysenck）：德裔英国心理学家，1947年发表著作《人格的维度》，将人格问题置于实验心理学的研究途径，引起了心理学界的广泛关注。

心一样，探索自己的内向性格具有重要意义。有的时候，社会生活的经历会让你不得不学着像外向者一样生活，但过度的社会刺激会让身体变得劳累，这个时候，不妨停下来，暂时退到一旁照顾好自己。我们要做的是爱护、安抚好自己，不要被所谓"懦弱"或"反社会"等污名化的标签所误导。

去寻找藏在
体内的外向性格

中向者是什么意思？

即使同样是内向者，性格也并不完全相同。有的人看起来像是外向者，实际上人家是内向者，这类人就是"外向的内向者"。尽管他们有着内向的性格，但仍积极地参与社会活动，只要感兴趣，就算一个人也可以。内向者会跟一群人一起活动，会参加社交集会，在集会上有想说的话也会积极发言。他们虽然是内向者，但并没有因此保持沉默而不去参加聚会。除此之外，有些内向者还会认真地经营自己的社交平台。这类人在公司或单位里可能是"虽然性格安静，但该说的话都说"的形象。我们把具有这类性格的人群叫作"中向者"（Ambivert）。

中向者是指界于内向者（Introvert）与外向者（Extrovert）

中间的这类人。中向型这一概念出现在卡尔·荣格提出内向型之后，当时它表示的是两种不同的气质和性格流动混合的一种特性。荣格曾经说过，在任意一所精神病院都不能找到百分百的内向者或者外向者，而几乎所有人都是中向者。在这之后，艾森克首次在学术界使用了中向型一词。内向者和外向者都会有一些与其主要性格完全相反的性格。换句话说，我们每个人都会根据情境的不同而选择成为内向者或者外向者。

对于内向的外向者或外向的内向者来说，究竟哪一种性格占主要地位呢？《情商2.0》（*Emotional Intelligence 2.0*）的作者之一特拉维斯·布拉德伯利[1]曾说中向者有9个特征。如果你的情况与下文中的描述越相符，那么说明你的性格越接近中向者。回想一下，平时你的朋友如何评价你的性格，也可以想想性格内向的自己曾经的那些符合外向型性格的行为。美国心理学家亚当·格兰特[2]猜测1/2至2/3的人属于中向者，而且中向者比百分百内向者取得成功的机会更多。这样看来，拥有中向型性格可以说是一种幸运，因为不顾一切地改变自己内向性格的行为，对一个人的自我成长是十分不利的。

---

[1] 特拉维斯·布拉德伯利（Travis Bradberry）：美国临床心理学博士。
[2] 亚当·格兰特（Adam Grant）：美国心理学家和作家，目前是宾夕法尼亚大学沃顿商学院专门研究组织心理学的教授。

·中向者的9大特征

1. 无所谓一个人工作或和许多人一起工作。
2. 不觉得社会生活麻烦，但如果周围人太多了也会感到厌烦和疲惫。
3. 认为被关注是好事，但不喜欢持续地被人关注。
4. 周围一部分朋友认为我性格安静，然而陌生人会觉得我社交能力强。
5. 假期时间过长的话会感到无聊，即便如此，也没有经常参与活动的必要。
6. 能够投入到与他人的对话当中，也会一个人陷入沉思。
7. 不觉得与他人闲聊麻烦，但认为这很无聊。
8. 容易相信别人，但有时会产生怀疑。
9. 独处的时间长了会觉得无聊，即便如此，长时间与他人相处也会无精打采。

说到中向者，人们会想起日剧《孤独的美食家》的主人公井之头五郎，该角色在中国也深受观众喜爱。他独自经营着一家店，贩卖从外国进口的杂货。追求自由独行的他并没有在店内安置售卖货柜，他的工作就是亲自上门拜访顾客，给客人推销商品。营业车去到陌生的小区，如果突然感到肚子饿了，他就会停下脚步，走进看似平凡但实际上是美食店的餐厅，自己一个人吃饭。他在走街串巷的工作过程中与人交往表现出外向的一面，但独自一人吃饭的模样又表现出这个角色内向的一面。

中向性格比外向者更占优势的理由

仔细想想，大部分人都具有中向性格。就算是天生的内向者，为了生存糊口也要与社会接触，无法一辈子都待在内向的舒适圈。

为了找到工作，性格内向的求职者要以积极的姿态面对面试，这也是一个证明中向性格更好的例子。就算是内向者运气不好，选择了与自己本性不太匹配的营业性质的工作，也不是什么大问题。我们许多人的性格都近似于中向者，而且事实是中向性格的人销售业绩最好，亚当·格兰特的实验证明了这一说法。他将外向程度分为1~7，测试结果显示1~4范围内的销售业绩逐渐增加，而4~7范围内的销售业绩反而逐渐减少。

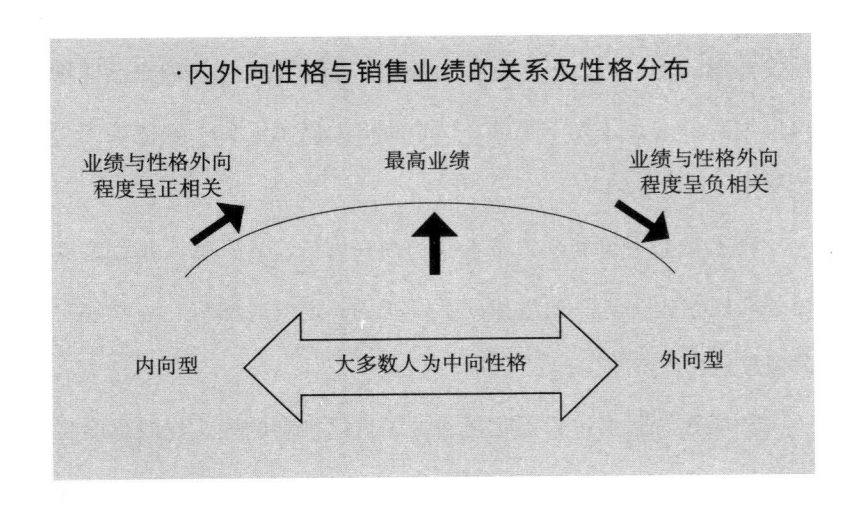

·内外向性格与销售业绩的关系及性格分布

业绩与性格外向程度呈正相关 　　最高业绩　　业绩与性格外向程度呈负相关

内向型 ⟵ 大多数人为中向性格 ⟶ 外向型

中向者还擅长应付内向者感到困难的对话，他们能像外向者一样自然地与客人交谈，还会见机发表自己的观点。另一方面，他们还会发扬内向者所具有的优点，能够很好地倾听，与他人共情。外向者稍不留神就会给对方带来负担，但中向者懂得谦虚，能够有分寸地做出让步。这些性格特点让中向者不管是作为营业员还是职场人，都能毫不逊色于他人，同时他们也能完美地消化领导者的角色。然而中向性格的缺点是，不能认清自己真正的性格，会因此产生混乱。

如果你也是内向性格，不妨将体内潜藏的外向性格发挥出来，妥善利用中向性格的优点。专注自己内心世界的同时，在有需要的时候将隐藏的外向性格发挥出来，可以轻松达到自己的目的。相反地，外向者也能发挥出自己的内向性格，一直都在对外散发能量的他们有时候也要集中精神才能实现目标。因自己性格内向而苦恼的人不妨这么想：我的性格大概率近似于地球人的平均性格。

那么试着去寻找吧，看看作为内向者的"我"体内是否隐藏着外向性格的优点。如果找到了，就在必要的时候将它当作秘密武器来使用。

如果在聚会上，好不容易遇见了自己中意的人，这时你会像平常一样沉默地吃着东西，喝着酒，然后就回家吗？想不想鼓起勇气上前去打个招呼呢？如果你是内向的公司职员，每天只是安分地完成工作就下班，那在同组组员夸张地炫耀自己的业绩，自我推销的时候，你是默默地看着他呢，还是鼓起勇气也趁机展现自己的工作成果呢？

人会变 VS 人不会变

为什么人们认为自己的性格发生了改变？

"你怎么这么畏畏缩缩啊？"这句话我从小学一直听到高中，进入大学之后不仅要完成小组作业，还要做小组汇报。"畏畏缩缩"的我，声音和拿着激光指示器的手都是颤抖的。再后来，成了就业预备军，我好像一尊石膏像，以僵硬的姿态应付了多场面试。为了生计，我只能"自信"地提高原本如同蚂蚁一般的声音。在不可避免的情景下，性格内向的我也能变成外向者吗？一家新闻机构针对韩国4000多名30~60岁的男女进行了调查，询问他们的性格较之前发生了多大的改变。结果有33%的被试回答，自己的性格较之前完全发生了改变。

上述调查结果中，除了回答性格"完全发生变化"的33%，还有21%的被试回答"好像变了"。也就是说,近54%的被试认为自己的性格发生了改变。这个调查是自我调查,回答的内容不是关于"他人眼中的我"而是"我眼中的自己",我的想法与他人的想法自然是不同的。但是许多专家认为人的性格一般不会发生改变,因为性格具有很强的遗传性,几乎是不会变化的,这一看法与调查结果相反。专家们坚信当人过了20岁,已经形成的性格就会伴随一生。

那么,为什么人们会认为自己的性格发生了改变呢?在搜索引擎输入"社会生活",你会发现很多有意思的图片。比如有张图片是一张表面在笑,底下却在生气的脸。这些图片清楚地向我们传达了,即使是内向者,也会为了社会生活声音明朗、面带微笑地讨好客户。因为礼貌微笑、八面玲珑、称赞他人,都是我们在社会生活中必需的生存手段,短暂的忍耐和伪装能让我们的人生变得更容易。内向者积攒了如此多的社会压力,当他们拖着疲惫的身躯回家后,就会摘掉外向的假面。不知道那些认为自己性格发生了变化的人们,是否学习过"让性格看起来不一样的方法"。

与生俱来的气质不容忽视

内向者什么时候能认识到自己的内向性格呢?在朋友、父母告诉我之前，我的性格早已形成，对此有研究结果可以解释。性格的形成离不开天生的气质和后天的经验。韩国一家专注幼儿教育的公司从2005年开始，对出生18个月的幼儿进行为期5年的成长过程研究，其中80%的孩子本身的气质并未发生改变。从这个结论可以推知，至少在18个月的时候，人的性格就大抵定型了。

还有人认为，人性格定型的时间比18个月更早，我们来看看哈佛大学心理学教授杰罗姆·凯根[①]的研究。他做了一个有关刺激反应的实验，实验对象为500名16周的婴儿。当在他们面前扎爆气球、摇晃玩具或将酒精棉凑近他们的鼻子时，有的孩子会皱眉头，有的孩子会被气球爆炸的声音吓得号啕大哭，还有的孩子会以一种好奇的神情观察玩具，而且没有因气球爆炸受到惊吓，对气味也没有反应。杰罗姆·凯根推测这些反应冷淡的孩子今后极有可能成为性格从容、自信的人，而只是看见玩偶晃动就会尖叫的敏感孩子将会度过十多年沉默寡言的时光。结果这些猜测与事实几乎吻合。

---

① 杰罗姆·凯根（Jerome Kagan）：美国心理学家，对婴儿和儿童的认知及情绪发展的研究十分著名。

外向者喜欢人，内向者讨厌人？

对外部刺激的反应或高或低，与性格的内向、外向有关，这是因为每个孩子的杏仁核敏感度都不同。位于大脑内部的杏仁核负责接收、判断情绪信息，它能对从天而降的球或蛇之类的外部刺激做出判断，在察觉到危险之后向身体发出"躲避""逃跑""对决"等信号。杏仁核灵敏度高的孩子对外界刺激的反应不是"活跃"，而是"敏感"。越敏感的孩子反应越是激烈，就越容易出现手脚出汗、瞳孔放大、心跳加快等现象。当然，敏感的人不一定都是性格内向的人。

杰罗姆·凯根实验的有趣之处，在于向我们揭示了内向和外向的气质差异，推翻了人们对内向者和外向者的偏见。

人们普遍认为外向者的社会性强、平易近人，而内向者的形象则是社会性弱、对人感到厌烦。内向者中当然存在谈人色变的厌世者，外向者中也有比起酒更喜欢人，因此从不缺席任何一场酒局的家伙。然而通过上述实验我们了解到，对外界刺激的身体敏感度、对人类的喜好并非决定人性格内向或外向的原因。以上这些气质是与生俱来的，这一事实让人们对自己的性格是内向或外向，以及对他人都有了更深入的了解。

基因的强大

研究双胞胎是探究基因对性格的影响的好方法。两个不同的精子和卵子结合成两个受精卵,生出的双胞胎叫作异卵双胞胎。而长得"一模一样"的双胞胎实际上是同卵双胞胎,他们从同一个受精卵中分裂、发育而来,因此基因也几乎一模一样。

20世纪80年代至今,美国科罗拉多大学对800多对双胞胎进行了研究,他们发现同卵双胞胎的性格比一般的兄弟姐妹要更为相似。明尼苏达大学心理学教授托马斯·布沙尔[1]研究了三十多年双胞胎实验,他发现那些在幼儿期就各自生活、彼此陌生的双胞胎居然也有着相似的性格,该研究结果意义重大。

从该研究结果可以得知,人的性格一般是不会改变的。所以你无须为自己的内向性格而自怨自艾,也不需要为了变成社交达人而强迫自己改变。那么天生注定是内向性格的人们,要怎么做才能过得更好呢?

---

[1] 托马斯·布沙尔(Thomas Bouchard):美国明尼苏达大学心理学教授,主导进行了各种"双胞胎实验"。

与其改变性格,不如改变生活基调

英国心理学家丹尼尔·内特尔[①]研究出能够改变一个人的方法,共有三个层面。它们分别是:性格特点、行为样式以及生活基调(Life Story)。前面我们说过,一个人的性格是很难去改变的,而行为样式及生活基调是可以由自己掌控的。比如一个内向型性格的人正为自己的人际圈过于狭小而感到苦恼,那么他就需要认识更多的人。这并不是让他去努力效仿外向者,参加活力四射的聚会,其实与内向者安静的性格相匹配的聚会也有不少。由于自己性格内向而为人际关系伤透脑筋的人们若是假装性格外向,又能展现出多少真正属于自己的魅力呢?改变生活基调,实际上就是改变我们看待世界的方式。

生活基调是人们的主观看法。如果以消极的想法和自我形象去看待世界,一开始就已经为自己的生活注入了失败的情绪。如果想活出自己想要的人生,就应该脱离"内向者不好"这类陈旧的观念和气馁的想法。由于内向者神经比较活跃,因此比较容易陷入对自己的负面认知。这类人想要克服消极的自我认知,需要不懈的努力和行为治疗。

[①] 丹尼尔·内特尔(Daniel Nettle):英国纽卡斯尔大学行为科学教授,专注于利用生物学和社会科学的方法研究行为、衰老和健康等问题。

内向的气质会伴随我们一生。一些知名人士经常通过媒体向大家讲述，自己原先的内向性格由于某个契机变成了外向性格。若我们轻率地相信他们的发言，只会让自己痛苦，这就和天生肝不好的人非要过量饮酒一样。与其给自己的内向性格贴上消极的标签，不如接受自己的性格，改变自己的行为样式及生活基调。

第二章

内向者的社会生活

内向者的压力管理法

内向者是敏感的"正义使者"

内向者就像敏感的小猫,小小的刺激也能吸引他们的注意。办公室那种满是人的地方充斥着刺激内向者感官的噪音:圆珠笔按动的声音扰乱人的神经;前座的后辈从刚才就咬着冰块,发出咯吱咯吱的声音……为什么会这样呢?整天都在担心人们闲聊的声音会分散自己的注意力,比如邻座的同事接了通电话,心情不好地嘟囔着什么,明明不是在和自己说话,却还是心生硌硬。

美国心理学家伊莱恩·阿伦[①]曾经说过,每五个人里就有一个人是HSP,这里的HSP(Highly Sensitive Person)是指"高度敏

[①] 伊莱恩·阿伦(Elaine N. Aron):美国心理学家,亲密关系研究和高度敏感者研究领域的先驱。

感者"。她的研究表明，70%的高度敏感者是内向者。除此之外，内向者的皮质觉醒程度较高，因此相比于受到同等强度刺激的外向者，内向者的反应会更大。由于他们的大脑经常处于清醒状态，所以很容易感到疲倦。也就是说，内向者不仅拥有一个对刺激快速反应的大脑，而且生来就敏感。

敏感的人在意他人的干咳声、闲聊声、笑声甚至是脚步声。即使是他人的无心之举，也会让他们产生想法，内心分析一通。但他们又因害怕被人看作奇怪、小气的人而纠结，自我否定。这种行为无关洒脱或谨慎，它与刺激敏感度有关。让我们回顾一下前文杰罗姆·凯根刺激反应实验的两类被试小孩，因为气球爆炸而哇哇大哭的孩子天生性格内向，就算长大成人也会不乐于把扎爆气球这类活动当消遣。反之，对刺激反应平平的孩子就是天生的外向者，成年后对外部刺激的反应依旧不冷不淡。

因为不被理解而痛苦着，只有借助话语或文字才能让大家知道我的情绪。

当情绪不能得到表达，安静寡言的内向者会更觉得痛苦。新冠肺炎疫情让口罩成为日常必需品，使得原本就疏于感情表达的内向者的生活更加不方便。也许一开始，他们觉得戴着口罩反而更轻松,但太长时间不说话,与人打交道变得更困难。你是否纳闷"难道只有我不自在",并且也为之苦恼呢?

如果答案是肯定的,那么压力这东西就是无可避免的。敏感的内向者是"压力富翁",对外界刺激的反应迅速且激烈。内向者平日里性格安静沉稳,身边人不知道他们的内心世界是怎么样的。外表看起来温顺的内向者,其实内心如同随时可能爆炸的炸药包。随着压力和紧张一天天累积,身心健康就会出现问题,长时间麻木地忍受这些压力,忽视自己的感受,最后后悔都来不及。压力管理没有什么特别的窍门,唯一的定式①便是遇到问题先从力所能及的点滴做起。

克服敏感的几个方法

那么如果内向者想要克服自身最大的特征——敏感,应该怎么做呢?实际上,我们几乎不可能去改变作为外界刺激的他人,因此我们应该在改变自己这件事上下功夫。

第一,训练自己,让自己集中于某事,哪怕每次只有一小会儿。工作时,越是提醒自己"不要去想讨厌的人的脸",脑海中反而会

---

① 定式:棋类术语,围棋中逐渐形成的公认的比较妥善的程式。

一直浮现这个人的脸。因此我们不妨转移注意力,沉下心来稳定呼吸,试着感受手指敲打键盘的感觉,感受坐在椅子上的姿势是否舒服、是否弓着腰,然后调整坐姿。想象自己正在被巨大而透明的墙包围着,与外界隔绝。当下最重要的便是练习将注意力集中于一件事,如此一来,我们感知其他事物的神经便会变得迟钝。

第二,阻断刺激。两用显示器、多线程工作窗口、聊天对话框、智能手机的振动或响铃声……办公室到处充斥着这些裹挟我们注意力的要素。我们将注意力放在某处,不一会儿又将其分散到别处,在原始时代,人们拥有这般分散注意力的能力有利于生存,可如今我们因注意力已经被蚕食,变得疲惫不堪。所以,我们不妨尽可能地让自己集中于某一件事,简化工作内容,不重要的电话和信息可以适当地找借口延迟回复。哪怕戴会儿耳塞也好,这样也相当于在向他人传递一种信号——我正在认真工作,请勿打扰。

第三,减少咖啡因的摄入。如果很难做到完全不喝咖啡,可以换成脱咖啡因的咖啡。咖啡是韩国人的"体力药水",韩国人以晨间咖啡开启新的一天,午餐后来一杯美式咖啡,下午四点左右困意来袭,再来一杯咖啡,这便是嗜饮咖啡的职场人的真实写照。韩国人一年要喝353杯咖啡,是世界平均水平132杯的近三倍。而问题就出在咖啡因身上。美国约翰·霍普金斯医学院的研究表明,过量摄入咖啡因会更容易诱发焦虑、敏感、入睡障碍等问题。这是因为咖啡因会促进肾上腺素分泌，抑制睡眠诱导物质——腺苷的分泌。

第四，不要以"可怜的局外人"自处。过度敏感，消极地看待世界会让我们被"受害者意识"绑架，我们会出现错觉——周围环境正在折磨着善良的自己。假设一个场景，同事们聚在一起有说有笑，一般情况下我们可能会想"好像发生了有趣的事情"，并不会太过挂心。如果过分敏感的话，你可能就会认为："我都这么累了，他们却在那边喧哗嬉笑，这太过分了。"或者产生更大的误解："他们不会在议论我吧？"此时好好想想，你是否已经将自己代入到"我是可怜人"的角色里了。如果工作不着急的话，你是否可以试着加入他们的对话呢？如果真的很在意别人的对话，不妨安静地离开座位，去外面呼吸新鲜空气。与他人保持距离，还承受着压力，在这样的状态下，你是做不成任何事的。

第五，如果你对细微的声音或事情变得越来越敏感，请看看自己的身体是否太疲惫了，以及自己是否存在睡眠问题。睡眠时间不足容易让人变得敏感，了解自己的最低睡眠时间，确定自己要睡几个小时才能达到最好的状态。长期下来养成习惯，你就能保障睡眠时间充足。无论多忙，减少睡眠时间去工作都无异于消耗自己的生命。如果实在无法避免熬夜，那么夜晚的睡眠不足可以通过白天午睡来弥补，试试在通勤的地铁上或者午餐时间闭上眼睛休息一小会儿。充足的睡眠和休息才是爱自己最基本的方法。

第六，自发地让自己的心情变好。愉悦的心情和幸福感能提高心灵的免疫力。在一天中你是否经常感到心情愉悦呢？实际上，愉快幸福的心情能够降低压力性激素——荷尔蒙皮质醇的数值。因此不妨每天试着大笑一次以上，虽然到公司上班不是闹着玩的，但我们都是为了幸福才工作的，对吧？有意无意地和熟人、同事开开玩笑，时不时看看搞笑段子，摸摸鱼，让自己多笑一笑。工作之余，也可以遐想一些让自己开心的事。正好新冠肺炎疫情给大家提供了居家办公的机会，我们拥有了选择的自由，虽然承受着压力，工作环境却不必局限在密集的空间。

最后，对自己常怀"怜悯之心"。因苦于生计而身心俱疲的人们偶尔会抱怨："我到底上辈子做错了什么？这辈子活得这么累……"对此，佛教是这么开解的，我们痛苦不是因为上辈子罪孽深重，而是因为今生今世我们无法认清现实。"怜悯"原指一种心境，以慈悲的目光看待整个世界的心境。当我的压力来源于某个人时，和朋友、同事讲他的坏话确实可以舒缓压力。但我对那个人的愤怒其实源自自身的痛苦，就算痛骂一顿内心也不会感到痛快，反而因为自己没有认清现实而导致对他的怨气一直在堆积。让我们用怜悯之心面对痛苦的自己，以及使自己痛苦的那个人。只有心怀怜悯而非厌恶，我们才能自我拯救。"我有多痛苦，那个人就有多少苦衷"，让我们以慈悲的目光去看待一切吧。

如何说一口
流畅的韩语？

内向者为何沉默寡言？

自我进公司起，最常听到的一句话便是"庭佑，你来说几句"。作为内向者，我总会先在大脑中组织语言，然而一想到要开口，话匣子就关上了。这样的发言让我很有负担，还不如一个人乐得自在。然而一个人过一辈子多少还是有些冷清。工作或休息的时候，一个人待着充电是很自在，可是每每想到自己要独处一辈子，内心的某个角落就会感到空虚。我很羡慕一个性格外向的前辈，他可以和人们毫无距离感地说笑谈天，就算他与对方不熟，也是如此。到底怎么做才能说一口流畅的韩语呢？虽说韩语不是外语而是我的母语，可为什么我连说母语也这么困难呢？

下面根据内向者的性格特点，来了解一下适用于内向者的对话法。

正是内向者回避、佛系的倾向让对话变得困难。虽然内心想和大家相处，但由于不善言辞，内向者害怕和人打交道。然而再仔细想想，他们其实是害怕被他人批评。他们不愿和别人发生争执，遇到竞争自然就避开了。他们只想和熟悉的人一起待在熟悉的场景，感受那份安心，在旁人看来他们这样也没什么。他们有自己的秘密，不愿向他人袒露。所以，只有隐藏自己才能避免难堪的情形发生。

当然，处在周围都是熟人的安全地带自然心里踏实，也不会发生让自己受伤的事情。然而想要维持这种一成不变的生活并不容易，崭新的人际关系往往伴随着好事和良机，不接触新的人，人生会渐渐变得疲乏无趣。

为了遇见新的机会和缘分，需要你开口说句话。逢人先问句"您好"，它也许就是改变你人生的一句妙语。性格内向的你如果意识到"我要改变人生，这样下去不行"，不妨凭借这份决心敲开对话的大门。等到经验足够丰富了，某一天你自然就可以和他人自如地谈话了。

对话前的四个心理建设

学习内向者的对话法前,先要做好内心的准备工作。

第一,塑造一个积极的自我形象。自我形象即每个人认为自己应该具有的模样。外科医生、潜意识专家麦克斯威尔·马尔茨[1]曾说:"每个人都会形成关于自身的看法和信念,人们将这些作为他们行动的准则。"如果有人认为"我只要一开口,对方就会不爽",那么他设定的自我形象便是"与人疏离且闷闷不乐的人"。

我们可以这样来塑造积极的自我形象:

"我可以和任何人交谈。"

"我是有魅力的,能够与优秀的人相遇相识,和他们幸福相处。"

第二,不要害怕和陌生人主动搭话。内向者想要进行有深度的对话,即使是简短的搭讪也希望出于真心实意,因此他们不擅长寒暄。准确来说,"不管怎样也得说点什么"这一想法让内向者讨厌这种交流,和为数不多的朋友倾谈交心都来不及,一想到要

---

[1] 麦克斯威尔·马尔茨(Maxwell Maltz):整形外科医生,国际著名的演讲家。

回应"最近还好吗?""您近来可好?"等问候,就感到可怕。可是如果你固执已见地抱有这种想法,那么除了现有的朋友之外就很难再认识新朋友了。其实身边的朋友们原先也都是你害怕而不敢搭话的陌生人。我们不需要成为聚会上全场目光聚焦的人气王。刚开始时,可以定一个目标:每周和一位陌生人搭话,对话并不复杂,哪怕只是一句简单的问候就足够。在生活中寻找问候的对象,先从熟悉的场所开始,比如对门卫老人或者快递师傅说一句"谢谢您,您辛苦了",和不熟的公司同事或前辈谈谈业务相关话题,然后再过渡到私人问题。当然考虑到对方有可能会拒绝,那不妨抱着"尽管被拒绝了九次,但只要有一次成功就行"的想法,主动向别人搭话。不要太在意自己被拒绝了,这只能说明还未到和他对话的时机。既然如此,分辨哪些是能够接我们话的人也很重要。

今天什么也没发生。去公司只是工作、交流业务,然后下班回家。和他人没什么可聊的,公司以外的人际关系为零。

你希望以上就是自己生活的全部吗?如果回答是否定的,就先主动和人搭话吧。如果产生了"我想试着和那个人聊天"的想法，不管他是谁，都可以先试试看。

第三，要发自内心地对对方感到好奇。内向者们在与人聊天时经常听到的一句话便是"毫无灵魂"。话少也没关系，首先真心地表示出你对对方感兴趣。有的人会说："我虽然身有同感，也会配合接话，但就是被人说没有灵魂……"其实，被人评价"没有灵魂"的根本原因在于你没有走心。也许你的内在能量已经枯竭了，疲惫到失去了对眼前的说话人表现出发自真心的好奇，你心里想的也许是"我想快点回家一个人待着"。虽然天生性格内向并没有错，但如果让对方产生一种在和僵尸聊天的感觉，那就是我们的失礼了。因此在开始聊天之前，先要发自内心地对眼前的对方感到好奇，在对方说完之后，神情认真地思考该作何回复。与人聊天，真正重要的不是多么熟练地做出回答，而是是否在认真地倾听对方。

内向者的气质体现在他们的注意力更集中于内在而不是周围环境。能量向内流动，内向者的名号就是这么来的。因此要经常有意识地关注外界，其实说到底还是兴趣问题，对彼此的交流感兴趣才有可能成为朋友。

第四，说话时看着对方的眼睛。内向者一旦和对方眼神接触，便会慌张地回避视线，这有可能会让对方产生误会。说话的时候看着对方的眼睛是与人交际的根本原则，说话时注视着对方的眼睛会增强对方的好感。美国心理学家琼·凯勒曼[①]做过一个实验，实验对象是72对陌生男女，将他们两两配对，让他们在两分钟内凝视对方的眼睛，这会使他们对对方产生更多的爱慕和心动。如果不是恋人关系，那么只要60%的交谈时间内看着对方的眼睛，视线停留在眉宇、脖子等各个部位的时间控制在2秒左右。说话时进行眼神接触等于在向对方传递自己自信满满、落落大方的信息，再加点微笑就是锦上添花了。身为内向者的你同一个不爱笑的人说话应该一不小心就会产生误会——"难道和我聊天这么不开心吗？"因此反省一下自己是否也给他人留下了这样的印象，或者问问朋友，平时聊天的时候自己的表情是怎样的。说话的同时，嘴角轻轻上扬就恰到好处，那么就试着摆出一个真心的微笑吧。

---

① 琼·凯勒曼（Joan Kellerman）：美国马萨诸塞州大学心理学家。

答案是"small talk"

small talk 是打开对话大门的钥匙

那么现在来了解,如果进行对话,其实内向者也可以很健谈,互相了解后也可以和大家愉快地聊天。你的朋友一定知道这个事实,可惜的是鲜有机会能让你展现这样的一面,因为你绝对不会在完全陌生或半生不熟的人面前显露出来。要是生活的目标是"尽可能地把自己隐藏起来然后回家"就好了。然而如果你不愿成为若有若无或毫无存在感的人,又想让大家知道"这样的我其实是有魅力的",这样的情况该怎么做呢?

答案就是 small talk,闲聊。内向者话少,也就不擅长闲聊。但是正如外语越说越熟练,其实闲聊也是一样熟能生巧,不进则退。表面看来,闲聊好像没有任何意义,但其实它可能是开启正式对话的钥匙。那么我们该怎么和人闲聊呢？

我们可以提前做好准备工作，从平时感兴趣的事情中搜集各种素材。比如我们看到有意思的内容，常常会发消息分享给朋友们。就试着以这种轻松的方式开启话题，以经济、时事热点为话头，股市、房地产、国际局势等各种各样的话题都可以作为聊天素材。我们可以阅读一些文化教育类的畅销书，知道如何聊天能够讨人喜欢。也可以参考经济、文教类油管视频博主的叙事方法，油管博主 syuka world 之所以人气高，就是因为他能把晦涩难懂的话题讲得简单有趣。据说他在节目中会引用很多报道，这说明资料来源越多，闲聊的素材也就越丰富。

卸下谨慎的包袱

一般来说，内向者在整理好内心想法之后，才会开口说话。就像写文章时考虑用词一样，需要反复斟酌推敲，这就是他们反应慢的原因。虽然聊天态度谨慎认真是内向者的一大优点，但是在闲聊中可以暂时放下这份谨慎。当然，这并不是强迫内向者去扮演外向者的角色，只需当作和朋友聊天，稍稍放松就够了。

此外，设定对话的目标也很重要。

比如读书会上的对谈，表面目的是"分享读过的书"，实际上令人好奇的不是书,而是人。我们不妨将对话的目的定位成通过交流读书感想来了解对方。如此一来,在读书会上与人交谈就会变得容易许多。目的明确以后,在公司里面对上司、同事或者客户,我们的内心也会变得平静,因为你清楚地知道对话的目的是工作。我们在日常的轻松闲聊时,也不妨告诉自己:它的目的在于向对方"表现你的亲切"。

开启闲聊的五个方法

接下来,让我们来了解开启闲聊的五个方法。

第一,要环顾四周,寻找想要搭讪的对象,再在这些人里寻找到最可能接话的人。以我自己为例,我过去就常希望有人来和我搭话,所以一定能找到这样的人。

美国沟通专家唐·加博尔[1]将搭讪描述为"在对方身上寻找接纳感"。对视之后浅笑着和对方打招呼,表示你想表情友好地进行交谈。如果对方正处于繁忙中或者不情愿,你在礼貌地接收到对方的意思后就可以去寻找其他人。

第二,不紧不慢地介绍自己,条理清晰,音量适中。含糊不清、

---

[1] 唐·加博尔(Don Gabor):美国演讲协会会员。他出版专著,举办针对各种专业人士的培训,以帮助他们提高社交能力。

支支吾吾的语气会给人奇怪的感觉。

第三，提出他人方便回答的问题。类似于"是这次新出的手机吗？好酷啊！""你穿这件衣服真好看，在哪里买的？"等问题。公司同事总是会问我一些有的没的问题："这件 T-shirt 你穿着真合适，在哪里买的？"向来安静自处的我听完就会感到很惊讶，心想这是普通品牌买一送一的衣服，真的有这么好吗？后来我才明白过来，当时那些同事是努力想要和不熟悉的新同事多少说两句才会那么问的。

第四，灵活应用封闭式提问和开放式提问。我们把以"是/不是"作为答语的问题称作封闭式提问，而将引发对方抒发自己意见的提问称作开放式提问。比如，我们询问对方"今天天气很好吧？"对方会回答"是的"或"不是"，问题就出在这，这段对话有可能就在此结束。当想要判断他人的喜好从而获取相关信息的时候，我们一般会抛出简答型的问句，而在除此之外的其他情况，我们不妨采取开放式提问的方式。"天气真好啊，周末也是这样的好天气吗？"我们抛出这个问题，就像把球扔给了对方，双方就可以围绕天气这一话题将对话进行下去了。

第五，卸下包袱去表现自己。注重隐私的内向者在说起自己时总是有所保留，一味地将自己隐藏而不停地向对方提问，这并不是好的聊天方式。单方面的提问和回答会让对话变得无聊，回答的人也会有负担。平衡好彼此间信息交换的频次，在听到对方回答后自然地表达自己的想法。如果想要询问对方周末过得怎么样，你可以先谈谈自己周末都干了些什么，这样对方就能了解你的喜好，发现将对话进行下去的素材。

错误的封闭式问题可能会让对方无言以对，我们通过下面的例句来看看错误示范。

让对方沉默的封闭式提问

· 周末过得好吗？（或者周末好好休息了吗？）

→ 听到这类提问，我们除了"好/不好"之外还能回答什么呢？对于这类问题，再怎么绞尽脑汁，也只能回答"嗯嗯，过得挺好的"。就算说周末过得一般般，也不能发牢骚。因此想要将对话进行下去，请不要问这类的问题。

· 你一定很辛苦吧？

→ 这个问题也是同样的，除了"不会"之外想不出其他的回答。即使对方回答"是啊，最近真的很痛苦，其实……"也并不代表他想要和你进行敞开心扉的谈话。我常从领导那里听到这类问题，而我从来没有进行过两句以上的回答。

·学钢琴好玩儿吗？（兴趣相关）

→ 如果对方是成年人，他们大部分都是因为感兴趣才去交钱学钢琴的，所以问题的答案显而易见。（如果没有补充开放式提问，那么这个问题只能以"是的"结束。）

上文所提到的一般疑问句（回答单一）并非一无是处，然而全部都是封闭式提问的话，对话就难以推进。如果提出了封闭式问题，这时应该像问题接力一样，附上一个开放式提问。

·周末您做了什么？/您 _____ 了吗？

→ 像这样在后面加上具体的活动，如果关系不是那么亲密，这个问题可能会给对方带来负担，然而我们能够以此推测出对方的兴趣点，横线处可以加上对方的爱好，这是引导对话走向的绝佳办法。

·你近来最大的困扰是什么呢？/上次那件事后来怎么样了？

→ 问对方"最近有为之感到疲惫的事情吗？""感到疲惫吗？"得到的回答大多会是"没有/还可以"。不过，即使大家都过着不咸不淡的生活，但如果一个人有特别难过的事情，这个问题会引起他的思考。除此之外，我们还可以询问对方某件事的进展，比起那些出于礼貌的寒暄，这些问题能让你更好地了解对方。

> ·学习钢琴之后想弹哪首曲子？/正在练习哪一首曲子呢？
> → 对方肯定是因为喜欢才会去学钢琴，关键是要了解对方的喜好之处在哪里。可以问对方，"想要弹奏哪首曲子？""想弹给谁听？"等问题，通过这样的聊天，你很可能发现对方不为人知的一面。

与学习英语会话一样，不需要死记硬背，我们只要正确理解封闭式提问和开放式提问并且灵活运用，就能以自己独有的方式和别人交谈。提出了开放式问题，得到的回答却是单一的是或不是，这种情况该怎么办呢？很可惜，这表明对方并不是很想和你聊天。时间宝贵，这时我们要干脆利落地放弃这个人，去寻找想要和你聊天的朋友。

丰富闲聊内容的四个技巧

丰富闲聊内容的第一个技巧便是语言反馈。美国的 Small

Talk 专家戴波拉·范恩[1]曾经说过:"人们通过简短的回应告诉对方你在认真听他说话。"也就是说,如果你还想要和对方接着聊,就要给对方反应,只是安静地聆听并不是好态度。

试着像下文那样发出语言信号,向对方表示你正在积极地听着。比起沉默不语,语言信号能够让对话变得津津有味。与其把技巧背下来运用,不如凭自己的感觉将其消化。

(虽然习以为常但经常被忽视的)用于附和的语言信号的示例:

· 真的吗?/真的假的?

→ 大多数韩国人熟用的语言信号,用以表示自己的兴趣。也称作"铺垫语[2]"。

· 原来如此。/就是啊。/没错。

→ 直白地表示认同。比起默许,请用语言表示你的认同吧。

---

[1] 戴波拉·范恩(Debra Fine):享誉美国的主题演说家、培训家,在新人接触、团队沟通与拓展等方面的研究十分深入、透彻。

[2] 铺垫语:也作"缓冲语"。韩语中的前置表达语,用以表示委婉语气,是人际关系的重要润滑剂。

·那一定很辛苦。

→ 谈到苦衷的话题，如果对方向你说这句话，说明他有在与你共情，这会令人感到安慰和温暖。

·所以说你……？／你感觉到……？／你是什么想法呢？

→ 想要确切知道对方的立场或意见时委婉的问法。

·那是什么意思呢？

→ 用来仔细询问对方的意见。

·然后呢？／您说什么？

→给对方一种你想了解更多的感觉。

除此之外，还有很多语言信号能告诉对方，你正在津津有味地听他讲话。重要的是要符合自己的风格，并运用自如。

技巧二，称赞。比如"这是个不错的意见呢""您这主意很好啊""您是怎么想到这个主意的"，等等。要在恰当的时机称赞对方，关键是要发自内心。如果"实在是没什么可称赞的"，你可以就近寻找。假如你喜欢对方的配饰、衣服、鞋子等单品，你就赞美对方的衣品和眼光。你还可以具体地赞美对方的行为，举个例子，与其赞美对方"您真的很认真地在运动呢"，不如在前面附上理由——"工作之余还要做家务，这样已经够累了，您居然还不忘运动，真是太佩服了。"

技巧三，不要像机器人一样说话。我们是人类，如果像AI一样回答，最后周围的人都会离我们而去。展现人性美的方法有以下几个。首先是语调，像机械音那样只用一种音调回答会显得单调，不妨使用富有高低起伏的声音说话。其次是表情，面部肌肉长期得不到使用就会变得僵硬，总是面无表情也容易让他人误会。最后是肢体语言，在家对着镜子看看自己平时说话的样子，在给对方反应时，试着表情丰富地使用各种感叹词。

技巧四，缺陷美。人类本能地对完美无瑕的人无法生出好感。向对方暴露一点儿自己的错误或失误，倾诉尴尬的心情，这可以快速提升对方对你的好感。

把自信当作礼物送给自己

如果失败了那就再试一次

有许多内向者因为不自信而感到痛苦，那么怎样才能提升自信心呢？提升自信心并非意味着要进行某项运动训练或者接受形象咨询，我们也不会因为性格变得外向就突然具有自信了。本质上，自信与否并非性格问题，而是实力问题。有实力的人不会担心"我能做好这件事吗"。之所以不自信，是因为本质上怀疑自己的能力，或清楚地知道自己能力不足这一事实。

如果你对现在的自己不满意，那么你应该正确地看待自己，明确如今自己到达了人生地图的哪个位置。尽可能客观地评估自己的性格、外貌、职场生活、平日的活动、人际关系、经济状况，等等，明白自己对哪些满意，对哪些不满意。美国销售顾问博恩·崔西①曾经说过，当你明白人生所有的事情百分百都是自己的责任时，你就真正地变成熟了。因此我们先要成为成熟的大人，去接受真实的自己。

然后就是去寻找最切合自身条件的领域。大家都把成功的秘诀想得太简单了。找到自己最擅长的领域之后，要投入时间和心血才能做到最好。也许这个过程要耗费一生的时间，然而大多数人并没有去尝试或是在中途就放弃了。遇到一点儿失败的苦头就马上放弃，信心就渐渐被消磨掉了。

如果失败了就再试一次。一个人能成功不是因为他的运气比其他人更好，而是因为他经历过更多的失败。著名的油管博主申师任堂②告诉大家："为了成功，我们要快点去体验更多的失败，就像掷骰子一样，扔的次数越多，其结果越趋近于偶然的必然，我现在这个油管频道是经历五次失败后成功的结果。"成功人士的失败论告诉我们，错误的次数越多，越能接近问题的准确答案。对平凡的人来说，失败是再正常不过的事情了。失败后重新站起来才是成功的秘诀。

---

① 博恩·崔西（Brian Tracy）：美国首屈一指的个人成长权威人士，在成功学、潜能开发、销售策略及个人实力发挥等各方面都有独树一帜的心得。
② 油管频道名为"신사임당"。

战胜内心的负面信息

就算失败了也不要放弃,不断地去挑战,直到成功为止。这句话说起来简单,但不是谁都能做到的,更何况周围的环境并非绝对乐观。

21世纪初,网络上掀起了 MEME[①] 的热潮。韩国独立乐队 Tobacco Juice(烟草汁)的主唱权基旭(音译)在纪录片中说的那句"我们恐怕不行",还有漫画《灌篮高手》中带有讽刺意味的那句"如果就此放弃,比赛就可以结束了"……曾经这些表情包风靡一时,显示了人们对悲观主义、虚无主义情绪的认同感。正如那句流行语所问:"我这么做难道是为了享受荣华富贵吗?"被这些话语包围的人们一刻都不想努力了,他们只想立刻躺平。悲观主义的"甜美果实"不经意间诱惑我们将其摘食,如果想要获得自信,我们应该想办法摒弃负面信息。每当内心出现消极想法的时候,你都可以试着理清每一个想法的根源,并将其记录在笔记本上。内心的负面信息源于感性想法而非理性思考。

举个例子,产生"我不能和有魅力的异性交往"这一消极想

---

① MEME:该词首次出现在英国著名科学家理查德·道金斯所著《自私的基因》一书,含义为:"在诸如语言、观念、信仰、行为方式等的传达过程中,与基因在生物进化过程中所起的作用类似的那个东西。"《牛津英语词典》将其定义为:"文化的基本单位,通过模仿等非遗传的方式得到传递。"

法的原因为何？是全世界所有具备魅力的异性告知你不能和他们交往了吗？还是说你一想到有魅力的异性就会变得不自信，心情抑郁低落呢？这些消极想法都源于个人情绪，并非事实。

如果意识到了这点，那么接下来就要创造属于自己的积极想法。性格内向的人们总是不了解自己的优点是什么，同时还要放大自己的缺点。作家麦克拉·钟[1]建议我们朝着积极的方向调整心态。学会把自身可爱的地方以及成功经历转换为积极的信息，并重复不断地告诉自己。假如你面临岗位的调动，这时的你如果感到信心不足，可以回想之前做过的工作，然后告诉自己："现在的工作对几年前的我来说也是初次接触的工作，然而现在我不是做得很好吗？无论怎样我都能找到方法的。"

绝对不会背叛你的人只有你自己

没有自信的人和自信满满的人最大的不同是什么？他们之间的差距在于自我接纳。缺乏自信的人们所感受到的现实与理想的差距是巨大的，他们对当下的自己稍不如意，就会讨厌自己。相反地，自信满满的人们能够承认并接受，无论优点或缺点都是自

---

[1] 麦克拉·钟（Michaela Chung）：畅销书作家，著有《不可抗拒的内向》。

身的一部分。如果你因为不自信而难以和陌生人搭话，不如先从承认事实做起，"面对心仪的对象，我连话都不敢说，我为什么这么怕生"之类的抱怨只会伤害自己。

请接受"不可能所有人都喜欢我"这一事实。许多性格内向的人会因为过分地对他人好而受到伤害，因为他们的付出无法得到同等的回报。其实这种事情是很常见的，与人交往本来就不是"给予与索取"（Give and Take）。有喜欢你的人，也就会有讨厌你的人，这并不是你的错。绝对不会背叛"我"，始终站在"我"这边的人只有自己，我们只要坚定不移地为自己加油就够了。

请不要活在父母或上司的眼中，评价标准要掌握在自己手里。不要屈服于他人对你的评价，例如"你的人生真是失败啊""只有这样你的人生才是成功的"，等等。虽然来自他人的奖励、赞美以及社会性认可等等可以助长我们的自信，但是在做自己想做的事情并取得成功的时候，我们才会真正地充满信心。让我们坚定决心，活出自己想要的生活。

最后，要小心周围打击我们信心的那些人。别人凭借一句"你能行吗"就可以浇灭我们信心和热情的火苗。如果周围存在消耗我们珍贵能量的"能量吸血鬼"，最好是避而远之。人生短暂，用来和对的人谈笑风生都不够用，更别提和消耗我们的能量的人浪费时间。

暂停思考，
先行动吧

让自己即刻行动的三个方法

对想法很多但行动力跟不上的内向者来说，快速结束某件事情并不容易，而且在行动之前总是苦恼"要怎么开始才好呢"，因此他们很难重新开始。然而就算牺牲睡眠时间去纠结，还是要面对新的一天，所以我们应该停止复杂的思考，马上行动起来。

让自己马上行动的第一个方法，先做了再说，烦恼是后面的事。如果有三个不同的烦恼，选择其中一个解决，烦恼马上就减少到两个了。内向者是想法富翁，他们似乎不需要"三思而后行"这一俗语来规劝自己，相反，他们在敲着石桥过河的同时还担心着石桥会不会坍塌。担心太多反而一事无成，只是在原地兜圈子。所以当我们要做点儿什么的时候，纠结一小会儿就够了，然后从简单的事情开始实施行动。

方法二，把大目标细分为小目标，这其实是让我们不要太贪心。去图书馆总是会在书包里放很多书，实际上里面能消化的也就一两本。明明知道自己看不过来，第二天收拾书包的时候还是会带超过实际阅读量的书，这本书也带，那本书也带，压得人肩膀酸痛。所以不如先把目标定在能力可达的范围内，然后就是去实现这个目标。随着目标的变小，心理负担也减轻了，行动的可能性就变大了。

方法三，还是在游戏中追求完美主义吧，现实生活不像游戏，我们不能使用作弊器。谁也不可能在一开始就手握所有完美无敌的武器，每个人都是从存在些许缺陷的状态开始的。只要后来不断趋近完美就行了。美国前国务卿科林·鲍威尔曾经说过，当你手中掌握40%~70%的信息时就可以着手推进工作了，等到有十分把握的时候再去做就已经晚了。我们要知道一点事实，虽然在准备不足的情况下行动是危险的，但过度的准备会拉低推进力，冲淡兴趣。

先塑造具备强大执行力的身体

想要成为执行力强的人，第一，我们应该拥有属于自己的处事方法。每个人都有属于自己的独特习惯，长期吃夜宵的人再怎么努力，一到晚上还是会打开外卖软件。习惯就是这么可怕，不仅仅是坏习惯，在不断重复之后，好习惯也可以变成属于自己的无敌武器。

"学神"姜成泰因其"66日学习法"而闻名，原理就在于66天一日不落地坚持学习，习惯自然养成。把自己想象成《檀君神话》中的那只熊，一直努力坚持，直到拥有健康的习惯。想要养成阅读新闻报纸的习惯，那么不管怎么样，你都要读上两个月的报纸，以后不用别人提醒，自己就会自觉地找报纸来看。首先要将行为刻入身体中，让杂念无缝可钻。

第二，边走边看。安静的内向者总是待在原地，直到想出答案为止。然而，人在行动中更善于做判断。让我们来看看美国华盛顿大学医学院约翰·梅迪纳[1]的一项研究，研究结果表明，相比于性格安静的人，活跃好动的人在记忆力、空间感知能力、反应速度、办事能力等各方面都拥有更出色的表现，因为人在活动身体的过程中，大脑的功能也会得到激活。问题的关键在于动态的生活方式，如果你想激活大脑，一周内至少要走19.3公里。不需要每天运动，一周内锻炼3次，每次大概20分钟就足够让你变得更聪明。当你对工作一筹莫展或者绞尽脑汁也想不出好点子时，不如去外面散步20分钟吧。

---

[1] 约翰·梅迪纳（John Medina）：美国西雅图太平洋大学脑应用研究中心主任，华盛顿大学客座教授，专门研究人的大脑。

第三，给身体一点"甜头"。如果顺利完成了该做的事情，那就给自己一个奖励吧，奖品是什么由你自己来决定。对我来说，每完成一个阶段性的任务，我就会奖励自己一小块巧克力。也许有人会说："将一罐巧克力放在桌子上，工作时随吃随取难道不好吗？"随时都触手可得的东西并不是奖赏。你也可以把自己当作自己的雇主，完成一个工作目标就可以给自己发奖金，譬如定金、中期奖金、尾款等。举个例子，定金奖励一块巧克力，吃完之后就接着工作；待工作完成一半了就休息一会儿，听会儿自己想听的音乐；等工作全部完成了，就奖励自己尽情地看一部想看已久的网漫……就这样在适当的时机给自己一份小小的奖励。

最后，想想生命剩余的时间。常听人说，死亡会让人更加珍惜每一天，在忧愁上花费的时间越多，可享受的人生就越短。更何况我本人都不知道自己的生命到底还剩多少时间。战争有可能发生，新冠肺炎疫情也许会卷土重来……这些事情我们都不能确定，我们能够确定的只有一件事：光顾着烦恼而停滞不前其实是在浪费时间，不如让我们快点结束手边的工作，去享受自己的人生。

用于清除阻碍行动的杂念的处理法

很多性格内向的人都属于高度敏感者。事情开始之前战战兢兢，生怕自己办不好，陷入了"万一事情进展不顺利，上司是否会因此责备自己"等消极的想法中。稍有不顺心就会感到压力倍增，时间就在这样的情绪中流逝而去了，直到下班时间迫近，又开始担心自己能否按时完成工作……这个时候我们需要一种"钝感力"，告诉自己"是啊，没什么，这也没办法"。这里的钝感力就等同于"豁达+集中"。

> **·敏感人群的工作方式**
>
> 需要完成的工作⇒因苦恼该怎么做而耽误时间⇒开始工作⇒即使是工作过程中也在担心各种事情⇒工作延迟完成。
>
> **·钝感人群的工作方式**
>
> 需要完成的工作⇒思考高效完成工作的方法⇒立刻着手解决该做的事情⇒在结束工作前钝化对外界刺激的感知⇒集中注意力将工作完成。

就算内心杂念丛生，也不要用力和它们对抗，就任它们去吧。有时候越想去摒弃这些杂念，它们反而来势更凶。一个人就算是安静地坐着不动，内心都会产生各种想法。不管是好的想法还是坏的想法，就让它们任意地在头脑中活动，等待灵光一现的那一刻到来，然后就马上行动起来。

如果要处理的事情太多，不妨先安排好事情的处理顺序，并写下来，写在电脑的备忘录、便利贴或者是日记本上都可以。马上要做的事情标为1，以此类推，按顺序标排要完成的事项。举个例子，1号事项是"上网搜集资料"，那么一定要先完成这件事，其他的事情我们先放置不管，完成这件事之后再去进行2号事项就可以了。像这样安排好事情的顺序，从要事着手处理，我们就没那么容易产生杂念了。

运气通过
与人交往而传递

想要变得幸福，就和他人待在一起吧

内向者的人际观大抵是"现在这样就挺好的"，他们更习惯独自生活，不愿刻意去发展人际关系，在约见他人这件事上也常常是被动的。他们虽然羡慕广泛交际的外向者，却又不想效仿，不想沉溺于各种团聚和约会，觉得维系关系是一件烦琐的事情。不过内向者也是社会性动物，"人"为什么由相互支撑的一撇一捺构成？如果没有平衡"独自"与"结伴"的关系，一个人待着再怎么舒服，还是会陷入只身无援的社会性孤独之中。身为内向者的你，千万不要忘记，任何时候好运和幸福都是通过人进行传递的。当今世界有很多事情仅凭一己之力是无法完成的，所以要想变得幸福，就要去寻找和我们心意相合的人。内向者听了这些话可能会感到绝望。但外向确实是决定幸福与否的核心要素，有研究对一群人里前 10% 幸福的人们和末尾 10% 不幸的人们进行分析，结果表明幸福的人们更外向，情绪更稳定，他们与社会的连接频率更高，满意度也更高。这个分析结果告诉我们，社会性是远超金钱与外貌，决定我们幸福的必要条件。实验结果还说明了幸福与否和你运动时间长短，有无宗教信仰没有太大关系；性格外向，具备良好的社会关系甚至比金钱和外表更重要。

社会经验就像光合作用一样重要

为了自己的幸福，内向者想要一个人待着。如果在疲于应付他人的时候突然来到空荡荡的房间，对他们来说真是再好不过了。内向者想要独处的原因并不是因为讨厌人类，而是因为和大家在一起的时候，他们会感到紧张。虽然偶尔也有必要和复杂的关系、各种刺激保持距离，但社交孤立（Social isolation）并不能给我们带来幸福。外向与幸福的关系密切的原因就在于一个人的性格越外向，他的社会性就越突出。延世大学心理学教授徐恩国曾经说过："社会经验之于人类，如同光合作用之于植物那般重要。"如果植物无法进行光合作用，它就会死亡；人类如果没有社交经验，就没法过好人生。对人类而言，社会性经验不是可选项而是必选项。

我们要认识多少人才能过好这一生呢？此处我们引入一个概念——邓巴数。英国人类学家罗宾·邓巴[①]的调查结果显示，一个人能够拥有社交关系的人数上限为 150 人，邓巴数指的就是这个最大值。能够为一个人的死亡感到难过的人，平均下来仅有 12 人。除了浅浅的点头之交，我们要想建立维系亲密关系，就必须得花费同等的精力。人的一生中至亲关系的人数大约是 10~15 人，超过这个范围我们会渐渐感到吃力，也就是说 15 人是现实关系中的人数上限。先不说与社交平台上几十万人的关系，现实生活中遇到的几十个人里，朋友更能带给我们能量，起码事关我们的幸福。

健康的关系滋养健康的人

内向者倾向于和少数人建立深刻的关系，不过对一个人的期待愈多，到头来失望的时刻也愈多，遇到各方面都完美契合的人实在不容易。如果在音乐和电影方面的喜好一致，可能在阅读和运动方面的取向就会有差别，如果你因为这些小小的分歧而感到

[①] 罗宾·邓巴（Robin Dunbar）：人类学家、演化心理学家，英国牛津大学认知及演化人类学学院前院长。

可惜，觉得"原来我们不是灵魂伴侣"，那么你身边将一个朋友都没有。如果你也是这么想的，不妨想想是不是自己在某人身上寄予了太多期待。为了避免这种情绪的产生，内向者也有必要检查一下自己的人际关系，尝试着与形形色色的人交流，努力打造丰富多彩的人际关系。

在何处，又如何去遇见？

自己应该在何处，只有你自己才知道。纵使人际关系是幸福的必要条件，但要是人不对，这段关系也只能是负担。因此相比寻找具体的人在何处，更建议你去共享兴趣爱好的聚会看看。外向者能够很快地适应陌生环境，享受被新鲜人物环绕的感觉；而内向者看着周围人谈笑的模样只觉得难受，因此只是为了熟络人情的聚会对内向者来说无异于地狱。

此刻读着此书的你不妨也回想一下，几名同学聚在教室后面大声说话，你是自信地加入他们，还是一个人看书或是去找正在画画的朋友聊天呢？人越多，内向者就越容易紧张，因此如果没有自信加入人群中，最好还是避免人多的聚会，去寻找一个能接受你内向性格的地方，试着问问自己"这里是最合适我的地方吗"。没有必要去选择性格越外向越有优势的聚会，因为新手一开始自然都是选择难度低的游戏。如果是你自己想要体验倒也无所谓。但对内向者来说，数十人聚在一起的聚会可以说是超难级别的任务了。

许多内向者的交际黄金时期都停留在学生时代，为什么现在难以做到像学生时代那样交朋友呢？第一，除了公司，在其他地方你感觉不到归属感；第二，除了公司的工作，你没有其他的活动，想要和人一起运动或是分享小说、漫画，但周围一个人都没有。许多人常常会用戏谑的口吻说"在经历社会毒打之后，再也遇不到像原来那样单纯的人了"，这只是借口罢了。无法建立新鲜的人际关系，与其说是因为内心饱经沧桑，倒不如说是因为生活方式，因为他们不愿再消耗能量去接触崭新的人和事。

那么内向者要在哪里，怎么样去接触新的朋友呢？说到聚会，并不是所有的聚会都是喧闹嘈杂的，仔细找找你会发现，适合内向者的氛围安静的聚会其实不少。

如果你的爱好是看书，可以试试参加各种各样的读书会。聚会所需社会性的强弱，就像是料理口味辛辣和清淡，全由自己调节，最清淡的口味就是默读读书会，只要安静地看书就可以。如果有想和人对话的想法，也可以去参加小规模的读书会；或者有主持人的聚会也很好，不需要去主导谈话，没有负担；不定期的聚会或者随机一次性的聚会也不错，只需要围绕感兴趣的主题和人们交流想法，感受那种愉快的氛围。偶尔自己也可以主动举办一次聚会，邀请人们来参加，因为做自己喜欢的事情，人们会感到内心平静，同时又水到渠成地拓宽了自己的人际圈。

成为主动联系
的那个人

一个人太过自在了也是个问题

我们在与他人交际时需要把握好分寸，可以想象你和别人一起抬着一样又重又长的东西，与人相熟的过程大概可以分为几个阶段：素不相识（阶段0）——一面之交（阶段1）——进行简单交流（阶段2）——一起做过某事（阶段3）。当两人的关系到了阶段2，他们就属于是可以与对方分享对话的关系了。

仅有过一面之缘的关系无法跨越阶段1而直接到达阶段3，这就好比盖房子，每个阶段都有要搭建的部分，只有这样才能让关系更加稳固。

内向者的生活纯粹是"公司—家—公司—家……"的无限循环，根本没有机会去熟悉该如何去平衡人际关系。都说亲口尝梨知酸甜，对于如何循序渐进地把握人际关系，没怎么和人交往过的人是不知所措的，因为他们的社会性太薄弱了。

当然无论在哪里都有好人存在，在哪里都可以交到朋友，但在社会生活中建立的人际关系不同于我们的私人关系。不要轻易地将社会层面的交情错认为亲密关系，对方的一些言行也许只是出于社交需要。如果成了老员工，你将很容易陷入这种错觉，新同事会热络地与你攀谈，也许并不是因为他们真的很喜欢你这个人，之所以做出这些努力有可能是因为他们想更好更快地融入公司。

那么要如何培养我们的社会性呢？当然是多去和人们接触。我们应该将努力工作所赚的钱投入一部分到人际关系之中。如果你是内向者，在公司接触的人是你社会人脉的全部，那么先要发展自己的兴趣爱好，从公司外部开始。公司会根据你的工作能力或业绩给你支付薪水，但不会给你分配朋友或恋人。

一个人太过自在了也是个问题。如今这个时代，一个人也可以做到无所不能，一个人吃饭、看电影已经习以为常了，健身、游泳、跑步等运动都可以独自完成。独处的时候不会感到尴尬，内心反而平静，除了稍微有点儿孤独以外，可以说独处没有任何缺点，这个时代所有的一切仿佛为了内向者而存在。不过即便如此，心里还是觉得少了点儿什么，想要做点儿什么改变这种生活。

如果你也有以上想法，说明你也想要接触新朋友。如何合理地分配独处和与他人相处的时间？这个比例因人而异。7∶3、5∶5、4∶6都可以，但极端的情况如0∶10或10∶0就不可取了，任何事情过犹不及，人际关系也不例外。试着合理地分配独处和与他人相处的时间，我们会过上比现在更满意的生活。

用心经营身边好的关系

放任不管的人际关系是没法长久的。观察那些维系长久关系的人们，你就会发现，他们会定期地约朋友见面。时不时地打电话问对方是否安好，抽时间联络朋友见面，他们懂得如何维系一段关系而不使彼此疏远。然而内向者不擅长主动联络，就算别人说要常联系，他也不是主动联系的那一方。

但站在内向者的角度来看，这不是因为讨厌人类，只是他们觉得不见面也没关系，联系了就不得不见面，这其实是一种逃避。问题的关键在于，如果不能克服这种个性，周围的朋友可能会渐渐远去，最后独剩你一人。从对方的立场来看，每次见面都是自己主动联系，当对方意识到了这点，慢慢地不再联系你也算是人之常情。

要想改变生活，就去成为那个主动联系的人，如果觉得打电话有负担，偶尔发信息随便聊聊也可以。不是让你去做多么宏大的演说，分享稀疏平常的、和任何人都可以聊起的日常琐事就行。

　　去夜间的闹市走走，看看餐厅或咖啡馆里熙熙攘攘的顾客，人们三五成群相聚的喧哗场景倒映在玻璃橱窗，他们仿佛和我存在于不同的世界。当人们习惯了独自生活，就会忘记怎么融入人群生活。想要与人交往，想要变得幸福，这都是人类与生俱来的本性。肯定存在和我趣味相投、心意相通的人，不如先从周围找起吧！鼓起勇气去参加聚会，将自己一部分的生活拿出来与他人分享。如果发现了合适的人选，那就努力将这段关系维持下去，如此一来，随着周围与自己合拍的人越来越多，我们对生活也会变得越满意。

内向者的恋爱有什么不同？

先回顾一下，自己经历了怎样的人生

对内向者来说，恋爱是人生的最大难题。别说恋爱了，就连和人交往都让他们感到疲惫。本身与人交流的机会就不多，恋爱的机会就更少了。我们举一个直接可观的例子来说明。有人做了一个调查，询问德国大学生的性格及其性生活情况。结果显示男生性格内向者平均每月3次，外向者则平均每月5.5次；女生性格内向者平均每月3.1次，外向者平均每月7.5次。当然性经验并不等同于恋爱体验，而且还要考虑文化方面的差异，不过性经验可以间接反映恋爱体验。根据调查结果我们可以看出，内向者在恋爱这事上并不占优势，最主要的原因就是他们和别人的交流实在太少了。一般来说，内向者的社会参与度较低。这也导致了内向者外表看上去明明正常，但别人一听他们说自己无法恋爱，就会问他们"是不是有什么缺陷。"如果"对社会生活持十分消极的态度"算缺陷的话那就算是了吧。在内向者中，"活泼的内向者"比"安静的内向者"恋爱的可能性要高。就算积极地参与社会活动，仍然有高山等待他们去攀登，这座山便是"内心的无意识"，准确地说是内心消极的无意识。存在于内心的关于恋爱和异性的观念常常影响着我们的恋爱观，消极观念的产生可能是因为过去自己对心仪的异性示好却遭到冷漠拒绝，比如产生"仅仅是我的喜欢就可能让那个人受伤"这种想法，这当然不是真实的情况。走在路上被有魅力的异性吸引，却不敢正视他，心里在自我贬低"就凭我"，于是便低下了头。这些想法的根源不仅来自于过去被异性拒绝，更要追溯到幼年时期的经历。美国心理学家艾瑞克·伯恩[①]提出了"人生脚本"这一概念。

人生脚本是一个人在小时候形成的想法："长大后，我应该做×××。"回顾我们的人生就能找到其中蕴含的线索，比如我们小时候观察到的父母关系会塑造我们对异性的一般看法，兄弟或朋友对异性的看法也会影响我们对异性的看法。有人说，人生近看就是场悲剧，人人都有过一段艰难的岁月。与家人聊天的心情总

---

① 艾瑞克·伯恩（Eric Berne）：美国心理学家，早年学习精神分析，后来创立了沟通分析流派。

是消极、紧张的，在这种环境下长大的孩子心里就会感到疑惑：
"既然这样为什么还要一起生活呢？"孩子看到了父母消极的一面，便下定决心："我绝对不要活成你那个样子。"更严重的是孩子受到来自父母的影响，消极地认为"男人／女人就是这个样子"。

说这些不是让我们去埋怨父母，怪他们把我们变成无意识压抑自己的人，也不是说我们一直以来活得失败。说这些是为了让我们认真地回顾过去，找出问题点所在，从而改变自己的想法，为此我们要好好复盘一下根据我人生脚本形成的过去。父母并不能代表这个世界上的数十亿人，先认清楚这一点，之后你就能够处理好与异性的关系。

在改变想法之前先把自信加满

恋爱中最重要的是自信，第二重要的还是自信。不自信的人根本无法谈恋爱，因为他们还不够爱自己，内心那个犀利的自己不断地贬低自我。看到外面俊男美女的情侣便自惭形秽，男生个高帅气，漂亮的女生和我对视都会破坏她们的好心情，我在各个方面都比不过他们，魅力这种东西在我身上是找不到的。事实并非如此。失去信心的人在行为上已经不是谦虚了，而是在自我贬低了。别说散发魅力去吸引对方了，连自己都在自我侮辱，这个样子是没办法进行下一步行动的。

常听人们说自己公司的事情太多、太忙了，所以没有谈恋爱的时间。按照这个逻辑，想要谈恋爱，就要先认真工作，这话听起来也许有点奇怪。但这句话的关键在于"在得到自己认为满意的结果之前，我们要好好生活"。这与自信也有着直接的关系，不仅仅是因为性格内向，所以无法恋爱。就算是内向性格，如果我满意自己的生活，对自己充满信心，那么我也具备一定的魄力和魅力，这样我也能顺其自然地恋爱了。从另一个角度讲，那种用钱解决一切的态度是我们要注意的，因为这并不能治本。我曾经有过一段自信心不足的时候，当时，我把解决问题的关键点放在了外在表面上，直到我花了几百万韩元（相当于几万人民币）才明白过来，真正重要的且最基本的东西是自信心。那个时候，不自信的我为了改变内向的性格，花费了很多钱去申请形象咨询，像播音员考生一样纠正发音和发声方式，像乘务员考生一样纠正各种错误姿势，通过个人色彩测试了解自己是暖秋型肤色。然而一旦咨询结束，一切又回到了最初的模样，听了给众多学生教授恋爱的专家课程，也学习了如何在街上或 Club（俱乐部）里和初次见面的异性搭话的方法，这些方法到最后留给我的只是银行卡消费凭证和自愧感。我想要让内向性格突变，让自己进化为外向者，然而最终以失败收尾。

因此与其努力地改变性格,不如先恢复自信。我在前几章也提到过,增强自信的唯一方法就是提升自己的实力。如果这一前期准备没有做好,就算别人介绍你相亲,你也会说"现在我还没有准备好";就算想要结识新的人,你也会骗自己说"现在我还没有恋爱的想法"。之所以会这样说,还是因为我们认为自己没有让他人幸福的能力。"力不足"或是"心无余"都是一样的结果,这个时候不如果断地整理好想法"现在还不到恋爱的时候",然后埋头认真工作。对于当下遇到的所有问题,我们试着用尽全力去解决、克服,这样就会建立起自己对自己的信任,恋爱晚点再谈也来得及。

你具有被爱的资格

你若想要追求自然而然的相遇,不妨扩大自己的活动范围。就算没有新冠肺炎疫情,性格内向的人们也是积极保持社交距离的模范市民。既然周中往返于家和公司,不如就在往常的周末肥宅生活中增添一些变化吧。去参加符合你兴趣、性格的聚会,如果不知道怎样的聚会适合你,那就慢慢地去体验。聚会的规模适当即可,能够让你安心地和他人聊天。主题的选择围绕爱好活动、理财、自我开发等自己感兴趣的话题。没有同行的人也没关系,就算关系很好的朋友也有不一样的兴趣，因此大多数人都是自己去的。

如果你想要追求人为刻意的相遇，那就要展示你积极的一面，向周围寻求帮助。"本人在找对象，请给我介绍合适的人选吧"——没有人会用这种方式打广告，但是你不说，周围的人们根本不知道你到底是单身还是已婚。公司同事如果是单身，可以介绍周围的人给他认识，或者在闲聊的时候自然地告诉大家自己是单身状态。相亲的机会来了也不要拒绝，如果想要亲近同好会上认识的人，也可以试着展现自己。有的时候就算没有积极行动，周围的人也会给你介绍对象，这说明当时是相亲旺季。周围的人脉、自身形象甚至是好运气，一旦拥有好的机会，千万不要错过。

谨慎对待网上约会服务。在现实生活中，向异性展示魅力对内向者来说是一桩负担，而网络世界就像是一束光照射过来，但真的就是"一束光"，仅仅只有一束。手机端交友、约会软件使用人数的男女比例严重失衡，由于男性占其中绝大部分，他们围绕女性用户产生的竞争相当激烈。另外还可能会因现实和照片的落差太大而感到失望，有些软件比如照片墙会链接你所有的社交软件平台，因此无论如何，在你正式进行"真人"约会之前，保持怀疑的态度比较好。现实的压力再加上对网络的过分依赖，这些都是对精神和感情的巨大消耗。

不要让自己去勉强适应内向性格。社交聚会好像是面向外向者开放的游戏，而我们内向者只能去适应这个"游戏规则"。大规模的聚会狂欢的设计本身就像是倾斜的运动场，一群人聚在一起喝酒，咆哮似的聊天；对外界刺激敏感的内向者根本应接不暇，如果有专门为融入不了聚会的内向者打造的扩音器和助听器就好了。如果专为外向者准备的聚会让你觉得有压力，不如干脆去参加全是内向者参加的聚会，虽然没有那么有趣，但比起外向者那喧哗吵闹、犹如演讲比赛般的聚会来说要好多了。

　　没有必要因为自己是内向者就气馁，觉得自己很难恋爱。得到一个人的真心这件事本来就很难，无关内向还是外向。下定决心，让自己的人生过得更快乐吧。如果现在还没有做好恋爱的准备，那么不如先从要紧的事情开始认真做起。认真生活的人是有魅力的，不管是自然而然地，还是接受周围朋友的帮助，认真地去爱吧！只要你想爱，你就有权利。你要时不时地告诉自己，自己是值得被爱的。这样你会变得自信，内心也有更大的空间去容纳更多的人。

第三章

发挥内向者的优点

冷静，
培养信任的工具

情绪不外露有些时候反而成为优势

敏感又缺乏自信，想法多又不安的内向者是怎么保持心态平衡的呢？幸运的是，冷静是隐藏在内向者身上的一大优点，虽然每天他们都是无精打采地度过，但也能冷静地把该做的事情完成。

我不知道内向者实际是怎么样的，只看外表的话，他们非常值得人们信赖。不管本人有意还是无意，他们的外表足以让他们收获周围人的信任。冷静的性格在遇到状况的时候更能发光发热，它能够让周围的人安心，有助于人们避开危险。在商业洽谈的时候，冷静也占有很大的优势。

在刚进公司那会儿，我负责过公司内部志愿活动的团体活动工作，不仅要管理 20 名左右的员工，还要负责全体员工参加的纪念仪式。我的性格和这项工作完全不搭,其间还有很多突发状况,一时之间手忙脚乱。但活动结束后,我从后座的同事那里听到了让我深感意外的话——"刚才你看起来还挺沉着冷静的,表现不错",听到这句表扬的我一时间晕乎乎的。其实内向者紧张的时候也会瞳孔地震,两手发抖,但是这一切都隐藏在冷静的外表之下。虽然心里很紧张,然而并没有显露在脸上,内向者感情不外露的缺点在这种情况下反而成了优势。

在驾驶汽车的时候遇到突发状况,一般情况下我都能保持冷静,起码别人看起来我若无其事。当遇到紧急情况,同乘者在车上尖叫的时候,我也能镇定应对。我要控制好自己,如果我被吓了一跳,那么旁边的人会感到更加不安;我小心谨慎,生怕自己的行为会刺激到对方。就好像消防官兵灭火一样,我要先把自己的情绪管理好,才能让别人安心。因此在危机情况之下,内向者的冷静给人们留下了他们值得依靠的印象。

其实内向者能做到如此冷静的原因在于他们处理情绪的速度比较慢,要处理突如其来的外界刺激需要充分的时间。有研究表明,面对外界刺激,外向者做好的是"反应"(respond)的准备,而内向者做好的是"检查"(inspect)的准备。在这个过程中内向者或是停顿或是若有所思,这个样子在别人看来仿佛他们的情绪不会为某件事情而动摇。

我们来举个名人的例子。这是发生在 2001 年西雅图 6.8 级大地震时的逸闻，当时比尔·盖茨正在酒店高层向 500 多名听众演示 Windows XP 系统，地震使得整栋建筑开始剧烈摇晃，人们开始惨叫乱跑，顶灯还坠落在比尔·盖茨的旁边。在这个混乱的场景下，比尔·盖茨停下了他的演说，环顾四周。就在大多数人向出口跑去或是躲在椅子下面的时候，他冷静地走下讲台。这一幕给人们留下了深刻的印象。内向者们要记得，我们在遇到危机时也能够从容应对，给人留下深刻的印象。

比起补偿，内向者对危险更敏感

从脑科学的角度也能够解释内向者冷静的特点，比起追求危险刺激，内向者的大脑设计得要更稳妥谨慎一些。存在于我们大脑内部的边缘系统和新皮质，前者负责我们的情绪和本能，后者负责我们的理智。我们的本能和理智也会有无法协调、互相冲突的情况，谁能赢得这场拉锯战就决定了你的性格是内向还是外向。外向的人会跟着积极的情绪去追求补偿，这是他们的特点，这也是外向者在社交、野心、事业心等方面比内向者更突出的原因。相反地，内向者的代偿系统反应更迟钝，他们看起来温暾慢热，但又时刻保持理性。比起追求补偿，他们对危险更敏感，这个时候他们会小心地往后退。

外向者和内向者相比,他们在承受危险的同时,对补偿的渴望更强烈。准确来说,基因变异与否决定了人们追求刺激的倾向。调节多巴胺的基因变体(DRD4-7R allele)能使人变得更勇敢,具有该基因变体的人在经济上的抗风险能力要比其他人强25%;反之,调节血清素的基因变体(5-HTTLPR s/s allele)能使人变得更谨慎,具有该基因变体的人承受危险的能力要比常人弱28%。多巴胺与外向有关,血清素与内向有关,这也是为什么说"外向者踩油门,内向者踩刹车"的原因。但是内向者很有可能会在事后后悔,"啊!我当时应该那样做的……"

新冠肺炎疫情使得全球股票市场暴跌,紧接着一场"东学蚂蚁运动[1]"爆发了。政府的房地产限制政策使得流动性供给充分,从而出现了市场过热现象,个人投资者买入股票的数额和保证金日渐增长。在全场都乐观的情况下,人们想要保持冷静是不容易的。然而相比于一路前进的外向者,内向者起码大概率上能规避这些风险,有时候什么都不做就是最棒的投资策略。对补偿导向型的外向者来说,一次刺激就是一次机会,为了不错过这个机会,他们会马上采取行动。但是内向者对补偿不是那么积极,受到刺

---

[1] 东学蚂蚁运动:类似于1894年朝鲜王朝出现的"东学农民运动",主要指面对外国投资者大量抛售韩国股票,韩国国内个人投资者大举买入的情形。

激会先停下来,观察一下是否有风险。在动物世界里没有最好的性格,人世间也不存在唯一正确的答案。

让我们向电影《大空头》(*The Big Short*)中演员克里斯蒂安·贝尔扮演的迈克尔·布瑞学习吧!他是一名成功的内向者投资人员,也是准确预测了2008年美国次贷危机的主人公。21世纪初,美国的超低利率使得人们纷纷申请了贷款,随着利率一直降低,房价一直暴涨,后来房地产泡沫破灭了,贷款利率马上上涨,没有偿还能力的人们比比皆是。这次事件的余波大范围地扩散到金融机构,而打赌房屋市场将会暴跌的迈克尔·布瑞在当时大赚了一笔,当人们都持乐观态度的时候,他却在浏览、分析大量资料,确定了风险。在当今社会,拥有像这样的沉着冷静以及规避可疑的风险的能力无疑是一大优势。

冷静的人更强大

性格安静、沉默寡言、语速缓慢是冷静的人的特点。然而,一些内向者因担心这样的自己太过无趣而感到自卑。其实对那些已经厌倦了大声讲话和喧闹气氛的人来说,这些反而都是加分项。稳重的人说话更走心,没有夸张,也没有多余的辞藻。因为内向者的一举一动都是能量消耗,他们不会在虚词假意上浪费能量。

德国首位女性总理默克尔就是很好的例子，属于内向者的她在媒体面前露面都很小心，默克尔总理在正式场合发言总是一副冷静、理智的模样，安静和克制的话语给人以信赖和踏实之感，同时还表现出作为领袖权威的一面。

内向者冷静的优点与外向者的进攻性不相上下，因为他们能够安静温和、冷静客观地分析局势，情绪不为他人的话语所压迫或煽动，细致入微的观察力让他们知晓对方的意图，并做出理智的回应。这些优势在甲乙双方或是年龄差距较大的关系中更加显著。该听的听，该理解的理解，该说的也会心平气和地说，不与对方产生对立争执。他们清楚地知道哪些是可以接受的，哪些是不能接受的、不能妥协的，冷静地和对方商量。虽然语言不够华丽，可他们时刻冷静，不会欺骗对方。

有人曾提醒我，在社会生活中，只有拿捏住对方才能在协商中占得上风；也有人看着形象柔弱的我，让内向者的我观察、学习外向者的强势。然而以上两种做法如果超过了限度，那就会变成"仗势欺人"。虽然为了不被骗子欺骗，我们有必要摆出强硬的态度，但强势地逼迫他人无论在什么时候也都不是上上策，带有攻击性的谈判是差劲的。英国销售专家尼尔·拉克姆和约翰·卡莱尔用时九年，研究了一些谈判专家的行为，他们对49名劳工谈判专家和合同管理员进行了调查，询问他们在实际交易时使用的策略和态度，其结果证明相互配合的谈判态度能带来成功的谈判结果。越是成功的谈判专家，就越不容易让对方情绪暴躁，让对方情绪暴躁的诱因指的是单方面解读对方的提案、攻击侮辱对方等。没能成功谈判的专家们平均每小时就要触发10.8个"暴点"，而富有经验的顶级谈判专家每小时只诱发2.3个。这个研究向我们表明了，在和对方进行谈判时，双赢策略的效果是多么显著。

肯定有读者会问："之前还说我们的敏感和焦虑是缺点，到这里冷静就成优点了？"缺点本身就有它可取的一面，就像没有人是百分百的内向者或外向者一样。当我们在生活中遇到困难时，冷静给予我们力量去克服一些事情。当我们遇到了难题，或感到害怕，或感到负担的时候，试着去内心深处寻求答案吧！遇事冷静慎重的你一定能给周围许多人带去信赖感。

细腻，
优秀的人所具备的条件

因为自己是敏感的人，所以才懂得为对方着想

对噪音和音量大的声音敏感；很难在短时间内解决大量工作；为之感到震惊的事情有很多；一旦喝了像咖啡这样含咖啡因的饮料，晚上就很难入睡；讨厌暴力惊悚的视频；容易被对方情绪所左右；无关性别，本身感情丰富，爱流眼泪；总是因为他人不以为然的态度而感到不舒服。

以上是被评价为敏感的人的标志性特点。其实敏感和细腻之间并不存在太大的区别。伊莱恩·阿伦所说的"高度敏感者"就是既敏感又细腻的人。在前章内容中我们也有讲到，高敏感人群

中 70% 是内向者。

> **·我是高敏感者吗？**
>
> 在研究 HSP 这一概念的伊莱恩·阿伦的网站主页做一个自我测试就可以知道了。进入下面的网址，测试结果符合 14 条以上，那你"也许"就是高敏感者了。
>
> ⇒ hsperson.com/test/highly-sensitive-test/

尽管细腻的内向者安静寡言，但他们会用行动向对方表示关心。因为自己是敏感、容易受伤的人，所以反过来也会担心别人是否受到伤害。出于这种想法，他们在与人交往时对他人关怀的给予度很高，自己的想法是"这是我应该做的"，但对方经常会被他们感动到。因此他们几乎是礼仪满分，对他人关怀备至。但是也要注意不要过度地关心他人，给人留下多管闲事的印象。另外，最好不要对他人抱有期待，不要希望别人能像你付出的那样给予你同等的回报。

细腻的内向者所具备的亲切出于两种心情，一种是想取悦他人的心，另一种是担心被别人讨厌的心。举个例子，内心细腻的人不管是回复邮件还是信息都比较迅速，回复太迟了而让对方久等，就会担心给对方留下不好的印象。遇见认识的人一定要问好，如果不主动打招呼，就会觉得尴尬，担心对方会不会因此讨厌自己。不管是面对讨厌的人还是喜欢的人，无一例外都会保持礼貌。气氛变得别扭了就主动道歉，因为他们想要避免不和谐的情况发生，不想去找对方麻烦。

比起讲自己的故事，细腻的内向者更习惯扮演倾听者的角色，因此他们可以是理想的聊天对象。"让对方表达"式的倾听是戴尔·卡耐基最常强调的好感法则。意思是内向者可以让对方有机会多说话，从而获取对方对自己的好感。虽然有的时候压抑着内心的喜悦会给对方留下冷漠的印象，但负面情绪也同样被克制住了。在生气或者烦躁的时候，内向者也会控制自己的情绪表达。由于这些特点，内向者在他人看来是一种内心活动匮乏的人。

敏感的人能很好地与他人共情

如果情绪敏感的人们观看了悲伤的电影，或得知了他人的悲剧经历，他们的眼泪会顷刻夺眶而出。他们之所以容易对别人的事情产生共鸣，这一切都是因为"镜像神经元"。神经元是神经系统的基本单位，将神经信号传递到身体各处。镜像神经元较为发达的人就像打哈欠会传染一样，对其他个体的举动反应敏锐。镜像神经元更为活跃的人，共情能力更高，非常敏感的高敏感者就是如此。

他们不仅自身反应敏锐,还能细心地考虑到对方的立场,因此他们可以成为优秀的咨询师。在这个全员都自说自话的时代,能够做到"倾听他人,理解他人"的人们具备着了不起的特质。另一方面,如果你自认为是敏感的内向者,你还要明确自己与他人共情的界限,因为无条件地迎合他人只会让自己成为别人情绪的垃圾桶。

上述的特点都和高敏感者不谋而合,但还有更深一层的案例。那就是朱迪斯·欧洛芙[①]所定义的过分移情(Empath,神使人格),也就是"超敏感者"。这类人对别人悲欢的理解程度达到了与当事人相同的水平,可以和别人感同身受,别人的悲喜就是我的悲喜。超敏感者中也有很多是内向者,这些人敏感到他人的感情能把自身压垮的地步。由于自身对刺激的过滤器失灵,他们想一个人待着,好让自己疲惫的身心得到充电恢复。正因为他们能够真情实感地倾听别人说的话,所以他们能够成为好的咨询师。

· 我是超敏感者吗?

提出超敏感者(Empath)这一概念的朱迪斯·欧洛芙的

[①] 朱迪斯·欧洛芙(Judith Orloff):医学博士,医学、精神病学和直觉开发领域的领军人物,美国加州大学洛杉矶分校精神病学临床助理教授。

网站首页有自我小测试，进入下方网址便可知道结果。网页上的 20 个描述中，如果有 15 个以上符合，那么你就是超敏感者。

⇒ drjudithorloff.com/quizzes/empath-self-assessment-test/

细腻的感受力是创意的源泉

回想一下我们在前面章节所说的杰罗姆·凯根的实验。敏感的孩子相较于不那么敏感的孩子对世界的认识更加强烈、极端。对诸如光、噪音的感知如潮水涌来，需要处理的信息又多又杂，因此敏感的人仿佛生来就过着孤军奋战的生活。细腻、容易受伤的他们还会结合敏感和创意，使自己的本性在作品中得到升华。他们的文字、音乐、绘画等都可以给很多人带来感动，敏感的人有着绝佳的感知，这能够让他们拥有出色的表现力。下面赛珍珠[①]这段文字就生动地展现了敏感的人的特点。

"那些生来就异常、过分敏感、细腻的人，碰触对他们

[①] 赛珍珠（Pearl S. Buck）：美国作家，人权和女权活动家。

> 来说是拳击，声音对他们来说是噪音，不幸对他们来说是悲剧，喜乐对他们来说是至福，朋友对他们来说是情人，情人对他们来说是神，而失败对他们来说是死亡。"
>
> 赛珍珠（珀尔·巴克）

正如赛珍珠所说，敏感的人就是"过分细腻的有机体"，他们说："无论是音乐、诗歌，还是书本、建筑，如果没有创造出有意义的事物，我就会就此死去。"他人不能看见的、听到的东西，他们可以感受得到，因此他们用属于自己的非凡方式发挥着创造力。他们不仅深入体会情感、仔细观察特点，处理信息的方式也是疯狂的。对画家、音乐家等艺术家而言，细腻和敏感是表现创意的重要能力。从小性格内向的画家梵高就是很好的例证，在《星月夜》《阿尔夜间的露天咖啡座》《向日葵》等作品中，他的感受力和敏感的内心世界都通过鲜明热烈的色彩表现出来。

艺术家的敏感和内向是不分领域的，除了安静画画的画家，一边唱歌一边跟着律动跳舞的音乐家也是如此。被称为"Pop之王"的迈克尔·杰克逊在舞台上外向奔放，而私底下的他是内向的。在舞台上向我们展现爆发力的他私底下敏感到让人难以置信，享受全世界瞩目的他孤独又羞涩，敏感又脆弱。曾经和他一起制作 *Off The Wall*（《墙外》）专辑的制作人昆西·琼斯曾说过："迈克尔他很容易害羞，有时会坐在沙发上背对着我唱歌。"为了摆脱这不透一丝缝隙的孤独和寂寞，迈克尔·杰克逊将自己的感受和痛苦升华为艺术创作。

不仅仅是迈克尔·杰克逊，象征着坚韧不屈的摇滚乐手其实也拥有着细腻的性格，他们的故事常常被写进小说、漫画中。詹妮弗·格莱姆斯对这样矛盾的性格进行了研究，她前往像奥兹音乐节这样知名的音乐节后台，在对 21 组音乐人进行分析之后得出的结论是：他们同时具有截然相反的性格特点，开放和敏感、内向和外向等相反的特点能同时在他们身上找到。他们对舞台的灯光、音响敏感，感受力丰富；然而台下的他们需要独处的时间，靠读书、写作来放松自己。这些事例告诉我们，敏感和创造、内向和外向是相互连接的。

每当我想到极度敏感的内向者的特点，超人的形象就会浮现在脑海中。超人可以听到地球上的所有声音，看到地球上的所有一切。他们拥有无限出色的感知能力，同时也感受着无限的痛苦。他们二者的相似程度让我怀疑超人是不是以敏感的内向者为原型设计的。超人是独一无二的存在，那我们半数以上的内向者何尝不是分散在人群中的英雄呢？内向者的细腻、感知能力、共情能力以及感受力使他们变得更善良，而且无论在哪个领域，这些性格特点都能帮助他们发挥创造力。

思考力，
理性思维的基础

内向者缓慢思考的大脑

我们之前提到，内向者和外向者的大脑是不一样的，其中二者使用着不同的神经通道。人受到外界刺激时，内向者的神经经过乙酰胆碱通道，外向者的神经经过多巴胺通道。准确地说，是大脑特定神经递质的通道中有更多的血液流过。除此之外还有别的差异吗？外向者接收刺激时，对神经而言多巴胺通道就是高速公路，用导航搜索最短的路径就可以快速到达。然而内向者的导航有些特殊，它放着最短的路不走，非要绕最远的路，乙酰胆碱的通道就是弯弯折折的胡同小路。

内向者的乙酰胆碱通道到底意味着什么？到底经过了哪里才让乙酰胆碱通道比外向者的多巴胺通道更长、更复杂呢？1999年，研究人员们借助正电子发射型计算机断层显像技术（PET）对内向者和外向者的脑部血液进行扫描，喜欢安静思考的内向者们大脑前部的额叶部位血流增加，而喜欢交流的外向者们对当下感觉的分析能够使岛叶的血流增加。血液向额叶聚集意味着什么呢？额叶具有决策、预测结果、判断异同的功能，这解释了内向者产生各种想法，进行理性思考的原因。

额叶的另一个特点是具有大量对多巴胺敏感的神经元。请记住，越是敏感，就越会因微小的刺激而感到疲劳，这就是内向者在人多的地方会感到疲惫的原因。另外，内向者的乙酰胆碱通道共要经过4块区域，由于信息途经的地方太多，所以他们处理信息的时间比外向者更长。接收刺激——思考——决定接下来要说什么或做什么的这一个过程要花很长时间。

·内向者接收外界刺激经过的乙酰胆碱通道

1. 右侧额叶岛叶（The right frontal insular）：负责共情、感性思维、自我反省。
2. 布罗卡氏区（Broca's area）：负责语言功能。

> 3. 双侧额叶（The right and left frontal lobes）：负责对想法及行为的计划和选择。
> 4. 左侧海马（The left hippocampus）：选择属于个人的记忆并将其储存为长期记忆。

脑额叶皮质存在与决策、抽象思维有关的灰质，内向者的灰质比外向者的要更厚一些。关于灰质厚度导致性格差异这一说法，哈佛大学兰迪·巴克纳[1]做出如下解释，灰质面积大且厚的人要在深思熟虑之后才做出决定，而灰质薄的人凡事不做过多的思考，敢于承担风险。以上这些事实依据从科学的角度充分地解释了内向者千思万想的原因。

提高集中力的魔法药水——乙酰胆碱

在活力满满的外向者渴望多巴胺的时候，内向者满脑子都是回家的想法，他们正在感受乙酰胆碱带给他们的愉悦，到家后打开不刺眼也不昏暗的灯，换上有质感且适合当下温度的舒适衣服，接下来要干什么呢？想做的事很多，听听舒缓的音乐、上奈飞（Netflix）看剧、看书、写作、思考等。内向者沉浸在安静、投入

---
[1] 兰迪·巴克纳（Randy Buckner）：美国哈佛大学神经学家。

的思考和观照的时候便是乙酰胆碱给予他们享受好心情的时刻。

乙酰胆碱就像魔法药水一样,它能够提高内向者的集中力。乙酰胆碱向副交感神经系统发送信号,后者相当于我们体内的刹车装置,从而将我们注意力的方向由外界转向内心世界,减少能量消耗,让我们沉浸于冷静的思考。这便是内向者长时间保持注意力集中的能力,如果换作是外向者,他们长时间处于独处的环境中会感到不自在。内向者会警惕和他人相处的时间过长,因为集中力会下降,身心会感到疲惫。这个时候他们想安静地坐在咖啡店里,从包里拿出书本来读;或许记起一两件堆积未做的家务。这个时候他们想家了。

当今时代的生存能力——思考力

在远古时代,被社会孤立就像被宣判死刑一样。喜欢独自在江水边、树荫下安静思索的内向者不妨想想原始人,如果一个人没有家人、同类团体,谁能保护他免受天敌侵害呢?幸好人类不断进化形成了社会系统,如今人们只要做好自己该做的事情,即使整天一个人待着也没有不便之处,反而思考力成了重要的生存技能。不管是办公室里伏案办公的职场人,还是教室里埋头做试卷的学生,思考力对他们来说都是一项重要的能力,除去与人沟通的时间，每个人都要独自学习、工作、思考。尽管如此，我们更相信和别人一起工作会比独自工作效果更好。

哈佛大学做过一个实验，研究人员给两组被试看了几张相同的图片，然后让他们回到工位处理电脑工作。告诉一组人他们正在做同一份工作，同时告诉另一组人他们每个人做着不同的工作。一周以后，研究人员找到这两组成员，让他们回想之前看过的图片，究竟哪组成员的记忆力更好呢？该实验结果令人玩味，被告知自己和其他组员做着不同工作的那一组成员记忆力明显更好。这个实验说明了独自思考的重要性，人在与他人合作完成一件事时的态度更不认真，这是人类的本性使然。大家要记得，合作会分散我们的注意力。

内向者的思考力和忍耐力

虽然速度慢，但内向者能准确地解决问题。心理学家杰拉德·马修斯说，人的性格不同，他们解决问题的方式也不一样，问题关键在"快速且简便的方法 VS 缓慢但准确的方法"中人们更偏向于使用哪一种方法。在准确性和速度之间，外向者选择后者，因此他们失误和放弃的次数也更多；而内向者是长时间地纠结一个问题，直到它被解决。内向者的集中力和能量使用效率成比例关系，这就和固定容量的电池一样。因此直到下一次充电，内向者要度过属于自己的时间以节省使用自己的能量。

思考力和毅力可以说是促使许多名人成功的因素。连苹果的创始人之一斯蒂夫·沃兹尼亚克也强调忍耐力的重要性。多亏了内向性格，历时多年自学计算机的他拥有了很多专注于自己的时间。斯蒂夫回顾道，如果自己不是内向性格，自己可能会因为合群而失去学习的时间。

除此之外，沃伦·巴菲特也是以身躬行专注自我的美学。他是世界上最成功的内向者，也是最有名的价值投资者。何为"价值投资者"？指的是那些发现并长期持有低价优质股的人。这位年满92岁的老人只关心自己喜欢的事情，而这件事就是看书，现在的他每天大部分的时间都用来看书。

如今，他仍住在1958年购买的房子里面，并且决定将他99%的财产回馈社会。在他看来，成功不是积累大量财富，而是专注于自己喜欢做的事，得到朋友的关爱，过一种简单的生活。

如此看来，拥有慢思考和专注的力量是命运赠予内向者的礼物。前文提到内向者因想法太多而变得痛苦是他们的缺点，这都是有理由的。另一方面，内向性格让我们留出足够多的时间和自己相处，培养自己理性思考的能力，去寻找属于自己的答案。让独立思考的时间成为向梦想迈进的动力。即使是内向者，如果做到思考周全、吃苦耐劳，我们也能像成功的作家一样，书写属于自己的历史。不论是学习还是工作，如果想要心想事成，思考力其实是十分重要的能力，没有什么能比在舒适的场所安静地沉思更能让我们感到幸福了。

独立，
明白自己想要什么的能力

内向者独立的理由

内向者生来独立，独立就是凡事不依赖他人，由自己来决定行动与否。他们一般都是自己的事情自己解决，回避那些需要他人帮助、请求他人的情况。他们常常会说"我自己看着办吧"，并不愿意让别人关照自己，因为接受了他人的帮助就等于接受他人走进自己的生活。

关于能量获取、消耗的方向，MBTI 专家保罗·D. 泰戈尔（Paul D. Tieger）做了如下解释。外向者以他人为中心，通过对外界的探索获得能量；相反地，内向者以自我为中心，比起和他人交流，他们更享受独自思考的时间。对他们来说，外部的刺激是避之不及的噪音而非乐音。这样看来，内向者不得不比外向者更独立。

有时内向者会让我想起下围棋。"Give and Take",有得到就有付出。关键在于社会交流越多,内向者享受的自我充电时间就越少,因此内向者和亲切、帮助、认可、称赞等所有这些反馈保持距离,过着一种克制的生活。有要做的事情不用别人吩咐也会自己看着办,不推卸责任,也不把事情甩给别人去做。有问题要解决,比起询问别人,他们更愿意自己寻找答案。

当然,内向者也渴望获得他人的认可、奖励、归属感等这些社会性反馈,但这并不意味着他们要为了获得这些反馈而付出比外向者更多的代价。以他人为中心的外向者与人亲近的过程是水到渠成的,活泼、自信、坦荡的面貌是他们的出厂设置。内向者不仅不接近他人,也不轻易准许他人的靠近,他们这是在保护自己不被他人伤害。

这样的性格让内向者变得独立。在能量方面,以他人为中心的外向者会容易受旁人影响,他们常常会担心:"只有我赶不上潮流吗?"严重的还可能产生强迫症。幸运的是内向者在这方面不甚在意,他们在流行文化或潮流方面的心理压力会相对小一些,因为权威或大众的意见远不如自己的想法重要。正是内向者的这种态度赋予了他们内心的自由。

社会性动物也需要独立

人类是高度社会化的动物。人类的社会性互动解决了人类从古至今的生存、繁衍问题。脱离群体生活的个体无法抵御来自天敌的攻击以自保。我们的祖先们结伴捕猎、共同抚养孩子，生存率得以提高，这样的社会行为是人类分享资源和经验的方法。因此，社会交流是人类的本能。人类学家罗宾·邓巴认为人类最原始的本能是肢体接触，这也解释了我们保持社会距离会如此困难的原因。就像鱼群在天敌来临时结伴抱团一样，我们跟随大流在任何时候都是有益的吗？其实答案并不尽然。我们可以想象一下一群人做判断题时摇摆不定的画面。选择正确答案的少数人就算知道大多数人选择了错误答案，他们心里还是忐忑不安；就算知道权威人士的观点是错误的，大多数人还是选择跟从权威的观点，这类情况比比皆是。

因此，我们并不能保证集体做出的决定就是最佳决策，尤其当涉及到某些特殊集体利害关系的时候，集体反而更容易做出错误的决策。从这方面来看，和人群保持距离的内向者就更有优势，在所有人都选择错误的那条路时，他们能凭借自己的直觉让自己的想法不被他人左右。《安静》一书的作者苏珊·凯恩[①]建议内向者尊重自己，相信自己的直觉。如她所说，我们内向者要坚定自己的风格，不为社会主流标准裹挟。尽管发声微弱，但这个世界需要有自己主见的人。

成为独立的内向者的方法

想要保持独立，我们必须要保持清醒状态。在大多数人的意见面前，我们要用心聆听内心的声音。你知道自己的喜恶、欲望、价值观是什么吗？你能自主做决策吗？虽然我们要懂得听取他人的建议，但如果我们想要独立地做出正确决定，首先要明确自己的想法。所以我们要想明白，自己到底想过什么样的生活。对我们来说，这个过程和独处一样，都是必须的。

这个世界虽然不会对内向者不管不顾，但大部分公司盛行集体生活的文化。在一起工作还不够，用餐也得大家一起，每天下班之后或者在周末也得和上司一起工作。我的时间就这样被夺走了，到底什么时候能拥有自我思考的时间呢？

就算进入职场，我们也应该拥有属于自己的冷静思考的时间。

[①] 苏珊·凯恩（Susan Cain）：TED人气演讲人之一，畅销书《内向性格的竞争力》的作者。

另外，为防陷入独思而做出错误的决定，我们需要学习，尤其要有一个自己擅长的领域，因为浅薄的知识很难建构出逻辑清晰的观点。明白当下自己对哪个领域感兴趣，确定自己今后还想了解哪个领域，一开始不要太贪心，先浅略但广泛地去体验、学习，一旦找到适合自己的领域就坚持学习下去，以此来充实自己的想法和认识。

最后，我想说，大家要小心社交孤立。这里让内向者利用自己独立的性格，不是让大家和社会共同体对抗；也不要无视他人的意见，固执己见。就算接受了他人的意见，性格内向的你仍然可以悦纳自己的一切，活出真正的自我。

第四章

无须改变性格
就能改变人生的方法

首先明确自己
想要什么

我想要的幸福到底是什么？

我们无法准确定义幸福是什么。关于幸福的条件，每个人都有不同的看法。对内向者来说，"追求意义"可以成为幸福的条件之一。但遗憾的是，很多人都不知道自己到底想要什么。即便如此，他们还是希望自己能够一辈子做自己想做的事情。那么怎样才能了解自己想要什么、自己的欲望是什么呢？

内向者想要了解自己的欲望，第一个方法就是从独处开始。首先我们要远离人群，去一个没有人的地方把自己"藏"起来。在做好冷静思考的准备之后，我们把生活分为几个部分，主要是自己在意的部分，将它们写在纸上，我们可以像下面那样划分。生活是简单和复杂的矛盾综合体，既要健康又不能没钱；爱情、亲情、友情这些光有钱也买不来；工作太过投入又会掠夺追求快乐的时间……如果你想过兴趣爱好和工作两不误的人生，也可以试着把它们写下来。

> **★ 生活的几个板块**
>
> 健康／财务／职场（工作、想要做的事情）／爱情／人际关系／家庭／兴趣（乐趣）／创造

接下来，分别写下在这几个板块中想要实现的目标。在职场板块可以写下想要以之为工作的事情或者想要挑战的事情；在爱情板块可以写下想要和怎样的人交往、要如何相爱，要将自己理想的交往对象具体化；在财务板块我们可以想想自己想要赚多少钱。

沉浸在这些想象里会唤醒我们对自己的批判。举个例子，如果我想"和对的人交往，过幸福的生活"，内在自我就会马上跳出来批判道："你觉得你有这个资格吗？"然后如数家珍般列举我这一切都是妄想的理由，比如"你没有魅力""性格不好""你配不上"，等等，从而让自己受伤。一写下"哪一天我也想去绝美的度假村休息、度假"，内在自我就马上开始自我批判"你没有那么

多钱"。

不要让自己陷入"自我人生攻击"的陷阱。不要去理会消极的想法，想象自己已经实现了所有的目标，让自己感受积极的情绪，这才是更重要的。

只留下重要的想法，其余的全都丢掉

让我们来仔细看看这个清单，有人会在健康板块希望自己能够没有病痛地度过一生；在外貌板块写自己想挑战拍一套"Body Profile"（形体照）；在人际关系板块希望自己能和所有人维持友好的关系；在工作板块希望公司认可自己的能力；在爱情板块希望自己有一天能够遇到对的人，组成幸福的家庭……还有的人可能想在自己感兴趣的领域大展身手，开启自己的第二人生。即使这一切真的未必都能实现。

人们在制订计划的时候都会变得热情高涨，但人的精力有限，我们必须分清事情的轻重缓急，因此我们要留下重要的目标，放弃剩下的目标，尽可能地简化目标的数量。如果你不知道什么是重要的，不如想想"死亡"。想象假如自己已经80岁了，这一辈子做过的让自己有成就感的事情是什么？在所剩不多的时间里我还想做什么？按照这个标准就能明确自己该放下什么。

好啦，现在你完成目标"瘦身"了吗？接下来，为了实现我们的目标，先要对行动进行分解，从第一步开始做起，这是提高执行力的方法。

最开始就像婴儿学步一样，我们要一步步地行动。花一周的时间去思考自己制订的目标是否合理，想想自己在执行计划过程中可能会遇到什么困难，自己能否、如何去克服这些困难，等等。

完成以上步骤，我们接下来就可以大胆行动了。在这之后，不管我们取得的成果有多小，我们都应该为自己准备一个庆祝仪式，吃点儿美食或是送自己一些小小的礼物，适当地给自己一点奖励。

某件事我们想做很久了，但在真正去做这件事情之前，我们无法明白这件事对我们意味着什么。马克·曼森[①]在《重塑幸福》一书中告诉我们，人们想要的东西很多，但他们不会去想要实现这些目标需要忍受多大的痛苦。想要成为有钱人，这样就不会担心没钱，但他们无法忍受当下的省吃俭用；想要成为知名作家，但他们讨厌日复一日的写作；想要和有魅力的对象约会，但他们缺乏搭讪的勇气。因此，我们不妨一步步来，先全盘接受自己所要承受的痛苦。

---

①马克·曼森（Mark Manson）：美国知名作家、企业家，著有书籍《重塑幸福》。

承认自己的极限，将生活的重心放在自己身上

当我在确定自己想做什么的时候，需要先确定自己想要的这个东西是否是生活所必须的。法国精神分析师吉拉尔·马克龙说过，每个人都因不切实际的欲望而感到痛苦。小孩在玩具店门口闹脾气，不是因为他很需要玩具，而是"他无法拥有自己想要的玩具"这个事实让他们感到痛苦。所以我们有必要想想，自己的欲望是否也是属于这种类型，有可能在现实中无法实现的类型，我们要懂得区分和认清这一点。

每个人都有做梦的自由，但我们不能因为它而忽略了现实。一个人认为所有事情都能如自己所愿，这是不切实际的。世间万物有可能实现的，就有不可能实现的，人的能力是有限的，人际关系也是如此。我们不可能得到所有人的爱。每个人虽然都是独一无二的存在，但对某些人而言，我们只是不相关的路人，我们不可能成为以自我为中心的人所关注的焦点。我们要知道一个事实：人们的欲望都是各自独立的。我们要积极地应对自己欲求不满的心理。接受自己的极限并不意味着放弃，反而是对自己的人生负责。

接受并积极地看待自己是内向者必须面对的事实。我们一直生活在以外向者为中心的环境中，总是充满活力的外向者顺利地推动各种事情的进行，他们和很多人打交道，不停地与人们交流，从

中获取能量。外向者与内向者的差异不是我们必须克服的缺点,不要消极地否定自己,比如"为什么我不能变得外向呢？""为什么与人交流、合群会让我感到疲惫呢？""我还能做得再快、再多、再认真一点吗？",等等。我们只要接受这些不如人意的部分就够了。人们如果无法接受真实的自己,他们就会苦于自我批判和自我否定,而我们只要活出内向者应有的样子,就能过有价值的人生。

人的能量是有限的,我们只需用自己的能量去追求朴素、平静的生活,和为数不多的朋友进行有深度的交流,默默地做着有意义的工作。接受自己身为内向者的优缺点,这样我们就能清楚知道自己的"等级"和极限。在这个以外向者为中心的社会,我们不要强迫自己去迎合他们制订的所谓成功者的标准,生活的标准、重心在于自己,明白自己的优点、极限在哪儿,以自己的节奏去生活就够了。

内向者有属于他们自己的幸福和生活方式,也许他们迄今为止穿的都是不合身的衣服。我们不妨先分析、整理自己的欲望,然后想清楚这些欲望的存在对我来说是否合理,作为内向者的自己能做哪些事情、不能做哪些事情,明确自己的界限。找到一个折中、不偏不倚并只属于本人的生活方式。追求怎样的生活或是做怎样的工作,决定这一切的标准都在于我自己。走出自己的人生路,活出自己的价值,这便是每个人平凡人生的特别之处。

专注自己想要的，
学会拒绝他人

设置心理警戒线，××能量管理处

简单的生活能让能量使用的效率更高。如果你接受了自己的内向性格，应该会明白能量管理的重要性。试着把自己想象为"××（自己的名字）能量管理处"，为了不把能量白白浪费在不值当的地方，我们需要懂得适当地拒绝。就算无意中成了好人，但谁也不知道你为此付出了多少，因此我们有必要告诉大家"这是我的界限"，只有这样才能够守护好自己的时间和精力。

国家不会为所有人服务，同样也不存在一个人会对我、对所有人都好。想要划清生活的警戒线，我们就必须先下定决心好好地爱护自己。设定警戒线意味着由我自己来决定那些进入我生活中的人和事。不去参加与自己气场不合的聚会，如果自己和一个人在一起就心不在焉的，我们就要远离像这样抢走我们精气神的人。仅仅做到以上两点，我们就能守护自己的自由时间、空间。

大家知道自己的"心理警戒线"吗？心理警戒线这一概念常用来表示经济上的最低收益率或是政客的最低支持率，换句话说，它表示的是底线——"不能再往下走了"。不管是最高点还是最低点，超过了极限，情况就会变得危险。对内向者来说，成为心理警戒线的要素如下所示。我们以日常的约定次数为例。网络漫画家"mojo[①]"在漫画中将宅女对约会的认识划分成三类，每隔两天约会一次是"Good Balance"（均衡），连续两天约会是"Hard Core"（硬核），连续三天约会是"Dead"（死亡）。

> *心理警戒线示例
>
> 每周约会次数（包含午餐、晚餐）
> 与对方一起度过的时间（最后一次自己独处结束后所经过的时间）
> 周中以及周末最少要留给自己的时间
> 过多的对外社交活动（包含工作业务、个人活动）

---

① mojo，韩国网络漫画家，MBTI 为 INFP。

你认为一周约会几次最为合适呢？有些人认为一周一次，有些人认为两周一次，这没有标准答案，制订心理警戒线的标准是因人而异的。要想确定这个标准，我们先要了解自己，观照自己平时的状态，比如为了专注自我需要多少属于自己的时间，这段时间里我们能完成多少件事情，等等。之后我们就可以以此来调整自己的活动。

尊重我们自己的感受和生活方式，不要囿于外向者的标准。当你想要进行创造，或者想一个人想点什么事情，或者想要全身心地休息，这个时候你可以对那些越界的要求说"不"。在他人约你出去或者叫你帮忙的时候拒绝他们就行了，拒绝之后一切都回归平静。不用心疼自己的时间、能量和钱；被拒绝的人也节省了时间，他们可以找其他的人或者另做打算，这并不能算坏事。仔细一想，其实没有那么多非你不可的请求。

如何学会拒绝？

"No means no."（不就是不。）第一次从美国朋友那里听到这句果断决绝的话的时候，我还被吓了一跳。拒绝有很多种方式，其中果断的拒绝最有效。明确地表达自己的态度，不留一点儿余地。明确地拒绝和没有礼貌是两回事。

假如有人邀请你去参加一个聚会,但你不想去。"参加聚会的有谁呢?""为什么邀请我去呢?""如果不去会怎么样呢?"诸如此类的想法瞬间在脑海中闪过,这个时候你干脆闭上眼睛,试着说:"不好意思,我可能没法参加了。"

拒绝不是承诺,模糊的话语会给对方留有余地,因此我们在果断地拒绝他人的同时表达我们的歉意,把情况说清楚就行了。收到不感兴趣的聚会邀请,就算要表示感谢,也不要说假大空的话。

明明心里不是那么想的,嘴上说着"下次记得邀请我参加哦",万一人家下次又来邀请你了,你又该怎么办呢?一开始就不要表示你对此有兴趣,只要说"对不起,我不去了"就行了。有人会担心如果拒绝了别人,被对方抛弃了该怎么办。在拒绝别人一两次之后,我们要观察对方的反应,如果对方是通情达理之人,他会表示理解的。出乎意料地,很多人可以接受并遵守他人的界限。当然在拒绝别人的请求之后,两人的关系可能会疏远,但对方也因此知道了你的界限所在,这是有意义的。让我们把自己放在首要位置,大胆地说"不"。

还有比鼓起勇气拒绝更可怕的事情,那就是没能及时拒绝别人,塑造了一个与自身兴趣完全相反的形象,这样一来,我们就得接受他人的嘱托,消耗自己的能量。比如有人没法拒绝他人的聚会邀请，自己明明不是派对狂魔，却还是成了别人眼中常常出入各种派对的聚会爱好者。没有勇气拒绝别人的人会变得既可笑又可悲。本该花在自己身上的时间就这么没了，一切都因自己没有向他人表明自己的底线，也怪不得别人。因此在我们下意识说出"yes"之前，先把手放在自己的胸前，想想自己这样是否真的没关系。

在必要时说谎也没关系

有人可能会质疑："这是什么话，居然让我撒谎？"人一旦走上社会，不说谎是不可能的。明明心里想着"聚餐快点结束吧"，但表面上还得说"我开动了"；内心并不认可，但还是说了"你说得对"，同意对方的观点。在以上这些情景里，如果将我们的真实想法全盘托出会怎么样呢？毫无疑问，原本顺利的职场生活会变得坎坷，赚钱也变得更难。有些人在说谎的时候会产生愧疚感，然而，我们在把控事情发展方向的时候，善意的谎言是有必要的。

尽管公司聚餐可以吃到昂贵又美味的菜品，但那毕竟是在工作时间之外的活动，还是会让人感到勉强，有时候还不如一个人吃三角包饭来得自在。并不是因为讨厌同事、上司，而是因为午餐时间总是去在意别人，这让我们十分不自在。因此如果想一个人吃饭，告诉别人自己中午有约是最简单的做法。如果说你想自己吃饭，对方可能会认为你是一个奇怪的人；想一个人吃饭却对外谎称自己不吃饭的话，别人又可能会因此担心你。所以告诉别人自己有约了就没有以上这些烦恼了。一直以来，我都是这么做的，日后如果有人知道了，你也可以开玩笑地说："其实那次是和我自己的约会。"公司同事听到这个回答也许会感到意外，但他们会很快笑着将这个话题跳过。

说谎是个技术活，要么就说得天衣无缝，要么被人发现了也能够以玩笑带过。因为是彼此间开的小玩笑，不会有人因此心情不好。所以越会说谎，就意味着越能处理好人际关系吗？美国加利福尼亚州立大学的学者瑞吉欧（Ronald E. Riggio）通过实验认为这个说法有一定的可能。他对38名大学生的交际技巧进行了调查，并对他们说谎的熟练度进行测试。实验结果表明，能让人上当的学生交际技巧测试的成绩也越高。换句话说，擅长与人交际的人更擅长说谎，我们身边也许也有这样的人，他们用完美的谎言与他人维系着良好的关系。

为了避免不必要的误会，拒绝对内向者来说是困难的，这其中也有他们性格的原因，他们就像鬼神一样能看透他人的为难，而且破坏别人的好心情会让他们感到自责。自责很难让我们做出正确的决定。人生短暂，这些时间用来做自己想做的事情都不够用，为何还要把时间浪费在自己不想做的事上？如果你无法做到理直气壮地拒绝，那么不妨借助一些善意的谎言来解决问题。

今天的你是否又只是成全了他人而委屈了自己呢？一整天都在勉为其难地和人打交道，答应他人的请求。如果是的话，请你放弃以下两项心理负担。第一，拒绝他人时的内疚；第二，成为善良的人的执着。难以开口说"no"的内向者需要有意地去练习如何拒绝。自己的地盘由我们自己来守护。最后我想向那些害怕拒绝的人推荐一首歌——张基河与脸孔们的《我都要拒绝》。这首歌告诉大家，就算对方的脸色再难看，如果不是出自本意的事情，你都要拒绝。

展现你的内向性格

尊重自己的内向性格

"我为什么不能大大方方、充满自信呢？""我为什么不能大胆地上前与别人搭话呢？""为什么声音一大我就觉得尴尬呢？"

在这个以外向者为中心的社会，内向者为自己的性格苦恼着，听着父母、朋友等周围人的抱怨，他们认为性格内向是亟待改正的缺点。性格内向就一定要改正吗？人们常常将内向者比作小猫，外向者比作小狗，试问小猫通过人为的训练能成为小狗吗？不尊重自己与生俱来的气质就像是执意把小猫训练成小狗。我们一定要尊重自己的性格，不要为了贪求外向性格而受苦。

不要勉强自己去成为外向者

独处久了，我也会有想和他人交流的时候，于是就去参加各种聚会，获得各种体验。我参加过许多活动，业余美术、写作、跑步等，其中最累的要数国标舞活动，那里就是外向者的集散地，在角落一个人玩手机仿佛是失败者的行为。为了不让自己的舞伴被别的男成员抢走，我得积极上前和女成员示意，邀请她和我一起跳舞，国标舞就是这样。我一边跳着舞，一边还要主导两人的对话，不仅如此，在结束后的联欢会上我也要积极地和他们交谈。美国青春电影里常常出现的"NERD[①]"，他们的心情大抵和我一样吧，以上那些活动，对像我这样的内向者来说，简直就是高难度的任务。

为了克服自身内向的缺点，我流连辗转于各种聚会，这使得我的疲惫感爆棚，自尊全无。现在想来，这就是我盲目追求外向性格所付出的代价。明白这些以后，我又参加了写作小组，在那里我感到了满足。大家一起看书、习作、交流感悟，这对内向者的我来说再合适不过了，也不用委屈自己参加结束后的聚餐，能量匮乏的时候婉言推辞就好了。有时候比约定时间提前到达，也

---

① 书呆子，一般指那些不愿或不擅长参加社交活动的人。

不用非到聚会场所等待，我会在附近的咖啡馆小坐一会儿，到了聚会地点之后，我便笑着对人们说："我喜欢一个人待着，所以在附近咖啡店待了一会儿才过来。"

喜欢一个人待着并不是缺点。表示自己喜欢一个人待着也不是自曝其短，这就好比我们去餐厅吃饭，提前告知自己不能吃某些食材而要求餐厅不要添加。举个例子，对紫苏过敏的人告诉厨房不要在菜里放紫苏，他并不会因此感到自卑。在聚会中向大家表明自己的内向性格也是如此，提前告诉别人，自己需要一个人待着才能让自己充电，好好地将自己的内向性格展现出来。不要强迫自己向外向者靠近，坦然接受自己的性格，这反而会让你过得更舒坦。

试着说出自己的真实感受，"我今天有点累了""昨晚没睡好，现在有点困呢""在没人的地方我才能好好休息""我不太适应人多的聚会""现在我想一个人静静""我也很想去的，但……"像这样不走心的话还是不要说的好，说违心的话就等于把自身的内向性格看成了缺点、阻碍。只有内外声音一致，我们才能自在舒坦，去解决更多问题。

对自身气质给予充分理解

"要想过不一样的生活,你必须脱离当下的舒适圈""要想成功,你必须……"这类建议很容易瓦解人们的内向性格,类似的还有"不要拒绝别人的邀请,要合群""多出门和人们交流""参加聚会或派对,坚持留到收场再走""不要一个人吃饭""主动和别人打招呼吧",等等。

以上这些人们常说的话,我们在听过之后,就会下意识地认可、接受。如果我们没有属于自己的一套价值观或者是坚定不移的想法,这些建议不但无法给予我们实质性的帮助,还会让我们自我怀疑、自我否定。从小到大从未替自己发声的人们就会如此。因此,在贯彻自我提高说明书或者油管博主的建议之前,我们应该试着扪心自问:"我到底是怎样的一个人?"

为了找到这个问题的答案,我们需要很多独处的时间。远离那些成天有事没事就联系的朋友或者是那些吞噬时间的电子设备。我们有必要躲到一个隔绝外界噪音的地方。要明白,就算有勇气让自己走出了舒适圈,我们的本性也很难改变或消失。我们内向者要以照看不易养活的植物的心态来照顾自己。生理、心理的能量管理十分重要,我们要守护能量来源,如果能量枯竭了,就要及时充电。因此我们要尽可能少地接触刺激或者干脆远离,而休息则多多益善。活动量的上限因人而异，如果你稍感疲倦，一定要停下来适当休息一会儿，而不是去想，"人们到底要怎么做才能提振自己的精力"。错以为是自己的努力和意志不够，最终只会把自己逼到无路可退，靠咖啡和能量饮品续命，终至身体状况出现问题。如果我们充分理解自己内向者的属性，就会知道自己的极限在哪，为了不让自己身体出现状况，时刻小心行事。只有这样健康状况才不会出问题，我们也无须为之感到手足无措了。

孤独
但并不寂寞

孤独和寂寞的差异

孤独和寂寞虽然相似，但略有不同。"孤独"可以用英语单词"Solitude"表示，这个单词可用作形容词"喜欢独处的"，也可用作名词"（尤指积极的）孤独"。"寂寞"的英语单词则是"Loneliness"，字典中的解释是"孤寂荒凉的"。独处，如果是自己主动争取的状态就是"Solitude"，如果是自己不想要的寂寞心情则是"Loneliness"。我们这里所说的"孤独"就是内向者所追求的属于自己的喜悦，那一刻的孤独让他们的精神生活更富足、更充满新意。

以真实的自我存在，就能活出富足的人生

随着人不断地成长，不断地接触各种人，我们会认识到人际关系的本质：自己不能成为别人，别人也不能成为自己。我们每个人都以独特的个体存在着。虽然有时候我们会共享相近的想法和价值观，但很难有两个人能完全理解对方，就算是有血缘关系的亲人也都各自不同。孩子违背父母的期待，构建属于自己的思考体系；和要好的朋友交流看法，认识到彼此间的认知差异。父母再怎么关爱孩子，也不能替他们活着；好朋友再怎么侧耳倾听，朋友间的对话结束后，大家还是各自回归自己的生活。

因此独处的时间，即孤独，是十分重要的。只有和自己的对话顺畅了，你才能更好地与他人对话，如果独自一人也能感到幸福，那么和他人相处，你也能度过幸福时光。拥有独处的时间即是拥有了自我反省的时间。法国精神分析师吉拉尔·马克龙曾经说过，人们借助孤独来面对现实，他在《孤独心理学》一书中说道：

> 认识到自己的存在并不伟大，但它赋予了人们存在的理由，这是很重要的醒悟。

这句话想必能引起很多追求人生意义的内向者的共鸣。能力

有限、生而平凡的"我"活着的意义为何？孤独让我们审视人生，我们能否找到其中的意义呢？

如何认清自己到底想要什么

有这么一个孩子，从小就没人教他如何发出自己的声音。对性格内向、诸事顺从的他来说，父母、老师的教导就是人生指南。虽然不是他本意，但自己也没有能力去选择什么，因为他并不清楚自己到底想要什么，等他如父母所愿进入了职场，一些问题很有可能就此浮现出来，因为他所走的这条路并非自己思考后做出的选择。

他对生活产生了怀疑："我为什么要这样不停地努力上进？""我为什么要成为比现在更好的人？"或是觉得一直以来自己对别人的视线过于在意，忙于买衣服、探美食店、运动后在SNS上打卡晒照片，这些都是为他人而做的。他们到了中年也许依然靠着父母或权威人士的建议过活。

该怎么办呢？要怎么做才能清楚自己到底想要什么呢？这个时候，你需要的正是"孤独"。

你不妨把时间集中到自己身上，而非他人，哪怕是片刻也好。冷静地想想自己到底想要什么。重复这个过程，你对他人的关注就会渐渐减少,你也无须在意在孤独的状态下你向别人呈现的模样。

> 我并不完美,但这并不是在贬低我的价值,我爱此时此刻全部的自己。

在独处的时间里不断地回想上面这句话,独处让我们遇见积极的自己,因而能让我们下定决心为自己的人生负责。

寻找人生的路上需要孤独

孤独还有一点好处,它能够帮助你积攒实力。没有他人的妨碍,时间只花在自己身上,这么做会发生什么事呢?瑞典心理学家安德斯·埃里克森的研究得出了孤独的作用,苏珊·凯恩在自己的书中对此进行了说明。那些取得优越成绩的音乐家、运动员普遍重视"一个人练习的时间",乐器演奏家和体育运动员都要花费大量的时间用于个人练习,因此独处的时间是必不可少的。所以说,独处是提升我们个人能力的绝好机会。

其实对属于社会性动物的人类来说,独处并不是自然而然的状态。在生活于原始时代的人类祖先们看来,孤独的内向者就好像面临死亡的人，因为内向者脱离群体生活，意味着他们的生命岌岌可危。时至如今，孤独能够帮助我们找到生活的意义，推动我们取得斐然的成绩。

从这点来看，在当今时代，内向者若想要好好活下去，孤独是他们的生存技能。适当地往生活中注入几分孤独，不要让工作日程填满自己的整个生活。松动原先被工作排满的时间，将重心从他人转移到自己身上。自己来决定什么重要，什么不那么重要。如果在与人们相处上花费了太多的时间，不如有意地减少约见的次数。试着减少为他人代劳、刻意讨好他人的次数。多做取悦自己的事情，让这些事情把我们独处的时间填满，如此一来，我们便能收获属于自己的人生。

运动、饮食、睡眠
决定着我们90%的幸福

运动是合法的"兴奋剂"

> 适度运动,适量饮食,多喝水,最少每天保证7~8小时的睡眠。

不论是外向者还是内向者,一个人只要吃好、喝好、睡好并坚持运动,他的生活质量自然就会提高。不论怎么睡都觉得累,身体沉重,肠胃堵胀,你是否也有这些症状呢?我们来了解一下健康管理法,让我们消沉的身体兴奋起来。

其实我也不怎么运动。非要给自己找借口的话,我想原因出在韩国的教育上。我从前就不喜欢体育课,再加上自己又是内向者的缘故,我一点儿也不喜欢和大家聚在一起,也很讨厌传到我身边的躲避球或足球。一个失误可能会让我受到老师或朋友的责怪，这让我很有负担。我也没有参加个人项目的天分，其中体测就好像噩梦一般恐怖，那种心情就像在大家面前展示我那不够发达的运动神经。于是运动就渐渐离我远去了。高考结束，长大成人，不是学习就是工作，根本没有时间运动，于是我的身体素质日渐下降。只有在想到"再这样下去我活不久"的时候，我才会纠结是不是要开始运动了呢。

对静态生活习以为常的内向者最容易患上的疾病并不是感冒，而是椅子病。我平时喜欢阅读、上奈飞看剧，工作时间坐办公室，下班或周末在家也是坐着休息，感觉身上各个部分日渐硬化。

WHO（世界卫生组织）命名的椅子病实际包括所有因久坐诱发的诸如肩部及腰部疼痛、乌龟脖、头痛、肥胖、高血压、腕管综合征（鼠标手）、痔疮等各种疾病。如果你不想被各种疾病折磨，那么现在就站起来活动一下身体。

一个人运动完，从他的姿势和眼神就能看出变化。胸背上的脂肪会变成肌肉，蜷缩的身体得以舒展，大腿、臀部上也增长肌肉，走起路来矫健有力，这些在你不经意的时候被周围的人发现，他们会告诉你这些变化。运动不只是身体会变好。美国运动生理学家拉里·塔克（Larry A. Tucker）认为，一个人的身体好，他的精神状态也会跟着变好。根据他的研究结果可知，一个人肌肉量越大，他对生活的满意度就越高，情绪也越稳定。运动有助于大脑内部神经递质的传递，这些神经递质能够安定情绪，让我们的心情变好。运动让我们的压力得到缓解，心情自然就变好了，不得不说它是合法的"兴奋剂"。

·如果你不知道怎么运动，请记住"7330"和"130"

多久运动一次？强度如何？如果不清楚这些，我们该怎么办？记住"7330""130"这两个看上去像公交车号码的数字，它们分别是韩国和德国政府积极推广的运动指标。首先，韩国的"Sports 7330"表示我们的运动要一周（7天）3次以上，一天超过30分钟，最少要运动30分钟，不然就没有效果。德国的"Trimming 130"表示运动时我们的心率不超过最高的60%，即130次/分。呼吸略微急促，身体稍稍出汗的强度对刚开始运动的人群来说是最合适的。只有当运动的强度和频率在自己可接受的范围内，我们才能持之以恒，享受运动。

> ·如果你不知道该做什么运动、每次运动多久，请记住"100"
>
> 假如没有人告诉我们适合做什么运动、一次运动多久该怎么办？韩国政府公共机构——国民体育振兴公团设有免费的个人训练中心。就近到"国民体能100体能认证中心"即可进行个人体能测试，中心会根据你的年龄、性别告知你相应的体能等级，体能较差的人将会得到体测证书，从3级到1级，这些体能较好的人们可以得到体能认证。在体测结束之后，会有专家为你制订适合你的运动计划。体能强化教室在线上、线下均有开放。

推荐给内向者几项运动：居家运动、健身、拉伸、瑜伽、步行、跑步。经济条件允许的话，你也可以借助工具进行健身或者骑自行车。以上这些运动的共同点就在于我们不需要在意别人的目光，独自一人也能完成。具体选择什么看你自己，关键要选择那些没有负担、能够持之以恒的运动。那么到底要多久运动一次，需要经常运动吗？按照《从细微处改变你的人生》一书的作者罗伯特·茂瑞的方法，先从1次、1分钟做起，从毫不费力的强度开始尝试，慢慢地在此基础上增加时长和次数。1分钟运动下来之后就可以运动10分钟，10分钟坚持下来就运动30分钟，关键在于趁我们大脑不注意，循序渐进地提升运动量。

> **· 性格内向但闻名全球的作家——村上春树的跑步故事**
>
> 村上春树享受沉默的跑步时间。他说就算连续几个小时都在写作，他也不会感到枯燥或痛苦。他还将写作和跑步进行比较，坚持每天跑步能让身体得到锻炼，坚持每天写作也是同样性质的体力劳动。
>
> 跑步对他而言，可能是自发的选择，也有可能是为了缓解孤独和与世隔绝而不得已采取的手段。跑步很适合内向者，因为我们不用和别人交流，只要清空思绪，专注自己的感觉就好。虽然跑完会喘气，但身心畅快。最近跑团较为流行，我们常常可以看到一群人跑步的样子。然而不管我们和谁跑，奔跑的瞬间，我们是属于我们自己的。

为低血糖的内向者准备的食物和水

"哎呀，我低血糖了。"

即使吃了午饭，到了下午三四点的时候，我们还是会感到体力不支。由于代谢迅速，内向者很难控制葡萄糖数值的稳定，摄入的食物马上作为能量被消耗殆尽，因此内向者需要全天不停地让身体得到营养素的供给。一日三餐按时进食是必不可少的，为了维持饱腹感，我们也可以吃点零食。零食的诱惑让原本就饥肠辘辘的我们更加难受，为了补充能量摄入过量的甜食又会增加糖尿病的风险，因此我们不妨吃点坚果或者低卡路里的能量棒。

同时我们还要补充碳水化合物以提高我们的耐力。内向者能量消耗图的走势呈现先往上走再急剧下降的趋势，就是因为我们能量消耗的速度太快了。就好比我们给爱车加上好的燃油，只有摄入热量高、耐耗的食物，我们的耐力才能得以提升。碳水化合物是人类最基本的营养素，但比起营养价值贫乏的白米饭、白面包、零食，我们最好摄入复合碳水化合物。总之还是那句俗话，越是平淡无味，对身体越好，这就是真理。白面包不如全麦面包，白米饭不如糙米饭或五谷杂粮饭，蔬菜中也含有复合碳水化合物。摄入有益身体的碳水化合物，随着身体的慢慢吸收，我们就不那么容易感到疲惫了。

有句话说，要想情绪冷却，就去肉的身边，这句话对内向者同样适用。摄入以蛋白质为主的食品能防止乙酰胆碱低下。我们在保持谨慎和注意力集中的时候需要乙酰胆碱。说着要减肥，不正常摄入蛋白质的话，学习能力和记忆力都会下降。在摄入蛋白质的时候，最好维持动物蛋白和植物蛋白的均衡。相比植物蛋白，动物蛋白的热量更高，饱和脂肪和胆固醇的含量也更高。如果要降低罹患心脑血管疾病的风险，我们应该食用植物蛋白。但是，植物蛋白内含有的必需氨基酸又不如动物蛋白丰富。参考下面的分类，让我们摄入丰富多样的蛋白质。

> ·蛋白质分为植物蛋白和动物蛋白。与其冲泡蛋白粉，不如正常食用蛋白质。
>
> 动物蛋白——鸡胸肉、鸡蛋、牛肉、猪肉、鱼类、牛奶等
> 植物蛋白——豆腐、大豆、坚果（杏仁、花生、南瓜籽）、西兰花、芹菜、菠菜、藜麦等

另外，不要喝饮料，喝水吧。我们身体的60%~70%都是水，大脑的70%~80%也都是由水构成。水帮忙把营养素、氧气运送到身体的各个角落，加快新陈代谢，调节压力水平。专家建议，我们一天要喝够1.5~2L水。但是很多人用咖啡、碳酸饮料、酒来代替白开水，这些饮料喝再多也无法补充水分，尤其是咖啡和茶具有利尿作用，随后排出的水分是摄入的咖啡或茶的1.5~2倍，因此它们会导致慢性脱水。而且慢性脱水不会导致口干，因此我

们很难察觉自己已经慢性脱水了。如果长期离不开咖啡，引起了慢性疲劳、腹部脂肪堆积、消化不良或者便秘，那么从此以后我们就多喝水吧。

拜托你快睡觉吧

现在我居住的小区住户较多，其中大部分都是独自一人居住，与对面的屋子距离较近，到了晚上，透过明亮的光线，我可以看清别人的家里。在半夜0点、1点还处于清明状态的，大有人在，大家都好奇别人是几点钟睡觉的。从来没有战胜过晚睡，晚睡比较多的我虽然会早早躺下，在睡前放下了窗帘，可灯光还是会透过缝隙溜进来。哪怕一丝丝光线，都会扰人入眠。虽然我是一个人住，却有种和室友同住，而他的台灯没关的感觉。我们生活的城市夜间的光污染十分严重，从而导致我难以进入深度睡眠。

内向者的脑部活动比外向者更活跃，负责接收刺激的大脑区域流经的血液量比外向者更多。内向者对外界刺激更敏感，脑海中浮现的想法也更多。不断地翻来覆去而错过了本该熟睡的时间，这对我来说，是家常便饭。床头柜上的手机长期连接着充电器。为什么坐在桌前昏昏欲睡，一躺下就马上精神了呢？一到睡觉时间，脑海中就会浮现平日里好奇的东西、好玩的事情。总而言之，我们生活在一个无法快速入睡的环境中。

要想获得高质量的睡眠，首先要放下手机。尽可能不要把手机放在床边，放得越远越好。其次，切断光源也很重要。就算把窗外的光线完全遮挡住，室内也会有光散发出来，加湿器、空气净化器、正充电的吸尘器等都会发出微弱的灯光，它们可能会妨碍我们入眠。如果没有办法把这些光源完全遮挡住，戴眼罩也是个可行的方法。另外，我们爱喝的咖啡、功能饮料、保健品等都含有大量的咖啡因，它们会让我们的身体变得紧张。因此，在睡前的几个小时，我们要有意识地杜绝这类饮品的摄入。

如此看来，小时候妈妈的唠叨是有道理的：吃健康的食品，多喝水，好好睡觉，坚持运动。这些道理大家都懂，实践起来却很难，尽管我们知道这些事情决定了我们的生活质量。只有在生病或者受伤之后，我们才能更加深刻地意识到这点。

趁我们不注意，营养素不均衡、睡眠不足引起的慢性疲劳正悄无声息地伤害着我们的身体。一旦身体疲惫不堪，内向者的优点——冷静、细心等等都会变得毫无用处。与其等身体出现了问题之后再去后悔，不如提前引起重视，过一种均衡健康的生活。

缓解工作
压力的方法

安静工作的内向者并没有错

我在公司得时刻保持紧张状态，因为内部电话不知何时会响起，还有领导突然的召唤，等等。午饭时间要么和组员一起用餐，要么出外勤，没有办法一个人待着。临近下班，等待着我的是突如其来的闪电聚餐。互相背对而坐的办公室里，我的显示屏被身后的人清楚地看到。入职时希望自己能经历快乐且短暂的社会生活，难道我这是在为自我介绍和面试时假装外向而付出代价吗？说出来怪不好意思的，在刚进公司那会儿我不坐电梯，都是爬楼梯，不是为了运动，只是不想和人碰见，那是一段工作棘手、存在微弱的时光。如果能重新回到入职之初，我想要告诉自己："性格内向不是缺点，时间会解决一切。"

"早知道庭佑是这样的性格，当初就不选他了。"入职时负责评估我的一位面试官前辈戏谑地说道。因为我在面试时展现的面貌完完全全地变成了内向的模样，这也太奇怪了。几乎所有职员在就职前都是外向者。自我介绍的插曲透露着扬扬得意，为了在群体面试中吸引面试官的注意，刻意和身边的人勾肩搭背、活蹦乱跳、欢声大叫，出于对内向性格持有否定的认识而将自己的真面目隐藏起来。果然装不了多久，就职后我就像那些从未发生过一样做回了自己。几年过去了，内向者的我如今仍然在公司上班。职场生活不过小事一桩。

性格内向也没关系，只要友善、实在就行

"你现在可以说话随意点，然后和别的小组交流一下""公司的氛围太像图书馆了，这样不太好"，这些是公司前辈给只会安静做事而感到沉闷的后辈提出的建议。除了外向的前辈，连同时入职的同事也给我提出建议："你应该主动请别人吃饭、喝酒呀。"无奈的是，那些模仿外向者的行为都是在违背自己的本性，内向者要花费很长的时间才能和他人亲近，和其他部门的同事搭话那更是心有余力不足。坐在自由交易市场一般的办公室，注意力完全无法集中。不希望别人唤我去喝酒，如果要去喝酒，见面要提前

约好，好让自己有个心理准备。

如此看来，职场生活有个熟悉的过程。内向者来到陌生的环境去适应新鲜的刺激需要时间。初次上手的工作需要熟悉，和同事的亲近也需要一些时间。

但这并不全是坏处，虽然我不是主导气氛、开怀大笑的类型，但该做的工作我还是一件件完成了。再加上细心仔细的性格，我总能抓住别人遗漏的点。虽然觉得闲聊尴尬，但和工作有关的对话，我还是没有问题的。我不是那种能量过剩到和同事发生纠纷的性格，反之，我很讨厌争吵。作为一个平凡的职场人，我能做到这种程度，就算没有达到"A级"应该也足够了吧？

"你原来和我一样，也是那种不怎么关心别人，专心做自己的事情的人。"这是我从共事的前辈那儿听到的评价，也许有人认为这是批评，但我认为这是对我的夸赞。为人正直、踏实肯干的内向者并不需要刻意的外向表现，只要别人相信我们，肯把事情交给我们去办就够了。性格内向的人们如果是踏实、和蔼、懂得换位思考的性格，那么和他们共事是没有问题的，而且会有很多不谋而合的地方，每次在一起工作都能积攒好感和好评。与同事的相处也只是时间问题，每个人处于适应的阶段都要花点气力。当我们专注自己负责的领域，提升专业性和可信度，总有一天，我们会成为公司需要的人。

和前辈说有必要说的话

　　然而一味地埋头苦干并不能让职场生活变得更有意义，社会生活仍然让人疲惫，其中的人际关系更是复杂。新冠肺炎疫情让韩国开启了居家办公模式，这将许多职场人从通勤和面对面办公中解救了出来。但是居家办公并不全是优点，一等到保持社交距离的政策放缓，很多人便自发地选择线下出勤，不管怎么说，线上办公不便的地方也挺多的。毕竟我们是社会动物，要学习如何与他人合作。如果你也因着公司内部人际关系犯难，那么请你记住：最好的防御便是进攻。打架也常有"先下手为强"的说法。因此如果你想在公司内部尽可能地少说话，那么不如反过来，主动说一些有必要说的话就好了。从上班到下班，如果你在公司的交流为零，那么肯定是哪里出现了问题。公司就是你和他人交流或等待与他人交流的地方，你的同事、领导不是 AI，如果你不主动开口，别人不会告诉你该做什么或该怎么做。以网购为例，我们下单凌晨配送的商品是不需要查询物流的，配送时间花费 3~5 天的商品才需要经常查询物流。公司工作也是同理，短时间内人们自行能够处理的情况不需要一一进行汇报，但是如果一个项目有开始、进展、结尾几个阶段，这种情况我们就需要主动、适时地向领导报告进度及需要解决的问题。

隐晦地展现自己的业绩

柳俊烈主演的电影《钱》中出现了作为证券经纪人的主人公的办公室，每个人的交易金额、手续费等业绩都会被实时统计并显示在所有人都能看到的大屏幕上。而没有这种特殊工作环境，一般的职员提升了多少业绩，旁人无法得知。如果你是性格内向的职场人，你应该用各种方法让别人知道你的业绩。不要害怕与领导沟通，时不时询问团队下一步要实现的目标，如果自己有好的表现也可以让领导知道。如果不好意思直说，你可以在做资料报告的时候隐约地提及自己取得的工作成果。如果有好的想法，你也可以从"我们这样做可以吗"切入，从而引出自己的想法。和领导沟通的频次越多，你的存在感也就越高。

最后，不要切断与同事之间的往来。通过沟通，我们可以与同事建立良好的关系，积攒积极的评价。同事不是在你身边待到6点就下班的人，也不是与你争抢业绩的竞争对手，同事和你是一条船上的队友，是互相帮助扶持的后盾。性格内向的你只关心自己的工作，这很可能会给人一种漠视团队任务的形象。你可以借机和同事们交谈，工作、关注热点、近期烦恼等都可以作为主题，或者时常与组员共享与业务有关的资料，这等于告诉大家，你在关心团队。

为内向者量身打造的物质条件与心理环境

要想在身心安定的状态下工作，最重要的是工作环境。很可惜的是，只有你的职位够高，你的个人空间才能得到保障，而我们普通职员只能在电脑显示屏公然展示的环境下工作。这种桌面配置到底是谁想出来的？在如今的一些共享办公室里，没有挡板的结构提供了更宽敞的工作空间，虽然这么做的目的是为了节约空间，增加更多交流机会，但这种结构在内向者看来却十分可怕。某研究表明，公共空间会导致噪音污染、人际关系的冲突和紧张。对于对刺激敏感的内向者来说，保持一定的心理距离是有必要的。而空间划分是最基本的保证，只有分区也是不够的。

一个同事不知从公司哪里搬来了两个大花盆，他把花盆放在自己的工位后面并每天给植物浇水，遗憾的是植物没有存活很久，然而花盆却成守护个人隐私的绝佳道具。我们可以根据办公室的构造，自己动手进行改造。可以的话，我们可以再买一个书架放在桌面上，或者把包或书垒起来，以此作为一个分区的隔板。为了不让人们一进办公室就看见自己的电脑桌面，我们可以调整显示屏的角度，或者贴上屏幕隐私保护膜，他人从其他角度就看不到我们的屏幕了。如果你的座位靠近人来人往的走廊，建议在桌面上设置分区隔板，相当于堆砌一道城墙，阻挡别人窥视你屏幕的目光。

让耳朵免受办公室的噪音干扰。内向者保持高度专注，环境十分重要，但办公室也不可能像图书馆那样安静，毕竟它不是图书馆的阅览室。在办公室里，人们可以通话、开会、闲聊、放松。那么如何来保证我的工作呢？这个时候不妨试试耳塞。耳塞并不只适用于在喧闹环境下的工作，如有需要，我们也可以借助它隔绝办公室的噪音和人们说话的声音。戴上耳塞自然也能让周围同事知道你要开始认真工作了。虽然这偶尔会让你错过领导的召唤，但耳塞提升注意力的效果却十分显著。

另外，还有平衡我们的工作和生活的电子隔板。在韩国，每个通信运营商都支持双号码服务，只要多支付几千韩元（约几十元人民币）就可以办理这一业务，物有所值。一部手机能同时使用两个号码，因此我们能将私人电话和工作电话区分开来。如果拥有两个电话号码，我们就能分辨那些非工作时间——下班后或者周末时间——打来的电话，还能防止公司人士关联我们的 SNS（社交软件）。

我们还可以通过 Kakao Talk[①] 的多资料（Multi-Profile）功能，分别设置个人用和工作用的资料页，如果你不想一换头像就要向公司同事解释，那么我强烈推荐这个功能。

[①] 韩国的一款免费聊天软件，类似 QQ、微信，中国腾讯是其第二大股东。

逃离"公司—家"
两点一线的日常

参加各种聚会,找到兴趣所在

公司—家—公司—家。

现在你的生活方式是否正在如此循环往复中?不管我们再怎么努力工作,公司也不会为我们的老年生活负责,就算去公司上班也不一定能自我实现从而获得幸福。每次遇见部门领导,他总会问我:"最近有什么有趣的事情吗?""最近没什么特别的",当我如实回答时,这位部门领导总会说"幸福要去公司外面寻找"。

聚会对内向者来说是新鲜的刺激。尽管与人打交道令人疲惫,但如果你也想让生活发生一些改变,不妨试着逃离"公司—家"两点一线的日常。建议各位能线下就不要线上,能集体聚会就不要单独见面。在选择聚会之前,我们要思考自己的取向。我想要在陶冶情操、自我提升的同时认识新的人吗？还是我只想就我感兴趣的主题进行学习，就算不结识新的人也无所谓呢？如果你的目的是后者，那么也没有非得走出家门的理由，网上讲义涵盖了几乎所有的主题，你想学多少，它就有多少。但如果需要与人交流，你还是得去线下的聚会，其中的社交聚会有助于你结识更多人。你想就公司工作相关的内容进行深度探讨以提高自己的专业性吗？你想要挑战无关生计的全新领域吗？独自学习和与他人一起学习，二者的快乐不相上下。

　　对内向者来说，参加聚会最重要的不是人而是聚会的主题。与其参加安静的聚会，不如试着参加有特定活动安排的聚会。另外，比起单次的活动，节奏松弛但持续举行的聚会更让人安心。一般追求静默的聚会的目的不够明确，只是一群居住在附近的、年龄相仿的人们聚在一起。如果在那里遇到志同道合的人，要么在晚饭时进行一次闪电约会，要么就一起去旅游。虽然有尽兴的团体活动，也有喝酒的机会，但这类聚会给内向者带来的反而是紧张和疲劳。

　　安静的活动也好，热烈的活动也罢，只要是有特定主题的聚会，你都可以试着参与。

　　读书、写作、电影鉴赏、美术等都是内向者"经典"的兴趣活动。参加这些聚会，找到与自己相似的内向者并不困难。除此之外，也有不少内向者享受像运动这样的富有动感的爱好。在平时参加的读书大聚会中，喜欢跑步的人们之间会再开展一次小聚会。在聚会结束后的酒桌上，大家积极地交流想法，这让人印象深刻。在一群内向者里，不同人不同的内向程度会形成性格光谱，自以为是典型内向者的人在某些聚会中反而有可能成为相对的外向者。

·你将会与适合你的聚会不期而遇

美食、运动、阅读、音乐鉴赏、乐器、自我提升……辗转于各种聚会，总有聚会能让你产生"下次还想来"的想法。我对一个名叫"写作随笔"的写作聚会感兴趣，由于自己性格内向，就算是和很好的朋友聊天，用文字交流也比说话更方便，我在公司的工作内容也是文字编辑。想着把它当作兴趣爱好的同时对我的工作也有帮助，因此我就报名参加了。日后每月一次的活动频次还算轻松，写作的同时还可以满足自己的社会需求，我在聚会上认识了很多新的朋友。这一切都是因为我发现了自己有写作的这个兴趣爱好。

聚会成员的人数多少才算刚好呢？如果人数超过 3 名就让你

感到不安，建议你不要参加大规模的聚会。想象你自己参加每一场人数都多达百人的国标舞同好会，每次去都要去适应新的人。就算是和少数人慢慢亲近，如果想要活动一直开展下去，一开始的适应也是比较困难的。参与人数不足10名的舞蹈同好会确实很少见，如果是昨天刚成立的新生同好会倒也不是不可能。"历史悠久""规模可观"的聚会也不是完全没有坏处。因此我们事先要了解清楚聚会的规模和参与人数。

社交虽然消耗精力，但没有社交的聚会没有意义

怎么做才能在满足我们社交需求的同时，又不改变我们的内向本性呢？

想要结识朋友，但是一见面又想回家，这种矛盾心理让内向者进退两难。在参加活动前纠结这些是能够理解的，这是我们自己需要克服的难题。与其说怕生，不如说我们担心和人见面时的各种情况，在意别人的目光反倒不能真正注意到对方。这种情况下，我们可以想想自己到底是为什么要来参加这个聚会，我们难道不是为了就共同感兴趣的话题与投缘的人愉快地交谈、享受有趣的活动吗？

不知道该怎么办而架起防御高墙的内向者应该知道一个事实：

其实别人并没有像你在乎自己一样在乎你。如果没有一定要和你聊天的理由，他人也不会和你搭话。各种复杂的想法盘踞在内向者的大脑中，然而现实和内向者脑内的模拟世界不同。内向者想象自己和人搭话，却被他人拒绝，自己好不容易开口，对方却没有反应，这让他们感到尴尬。但其实实际情况并不是这样。如果安静地什么也不做，聚会就会平淡地结束。但再怎么内向的内向者也不希望最后是这样的结尾。回家的时候，我们自己也会想："其实交个朋友也没有关系吧？"我们要战胜内心打击我们自尊的批判者。如果做不到，我们就会不知不觉地被消极情绪绑架，从而感受不到来自他人的好感。在人际交往中，我们冷静地按照常理来行事完全没有问题。如果在聚会上有机会轮流发言，我们的态度应该是从容的，让别人都听清楚我在说什么。同时也要倾听别人的发言，表示认同和赞美的话语也要反馈给对方。保持适当的距离，坚守底线是交际的基本要求。你只要像亲近你的朋友一样，慢慢去熟络就好了。

如果我在国际 IT 公司的 AR 部门工作，我一定要发明一个产品：专为内向者打造的 AR 眼镜。只要我们戴上这种眼镜，我们就能看到眼前人的姓名和简介。可以的话，我们还能知道对方最近一次参加聚会时说过的话！内向者由于过分在乎与人交往这件事本身，能量消耗过大，从而经常忘记自己到底要和对方说什么。

为了避免陷入这种状况，我们应该表达对说话者最真实的兴趣。先制订计划，锁定一个对象，我们在交谈的过程中仔细地观察这一个人就够了。询问对方的名字并牢牢记住，也可以再做点儿备忘，记录对方是谁、聊了哪些话题，如果下次聚会还能继续聊，这些成果就已经足够了。

随时做好逃跑的准备

为了让我们在参加聚会前的心情平静下来，我们可以提前制订好逃跑计划。如果错过了回家的绝佳时机就迟了。要是被热情的朋友发现你要逃跑，你就只能搭乘清晨的早班车回家了。我曾经在周末早晨乘坐公交车前往新沙洞，途中经过一家俱乐部。那时大概是上午9点，俱乐部向外散发着热气，当我看到这个时间居然还有人从里面走出来时，我大吃一惊。先不说体力如何，属于早起型内向者的我无法想象在除家以外的地方过夜。一想到要和一群人在外面过夜而不能回家，我两眼就开始冒星星，无论如何也要在末班车停运之前回家。

想着"别人建议我再玩久一点儿，我要是拒绝了，他们会不会因此讨厌我"，害怕被他人讨厌而一直坚守在座位上的行为是傻瓜行为。在体力和注意力告急的情形下，我们没有必要强忍睡意，在对主办方的好意表示感谢和歉意之后,我们就可以离场了。在离开前一定要打声招呼,悄无声息地离场可能会给人留下没有礼貌的印象。诸如"谢谢您的邀请""操办这场聚会辛苦您啦""习惯早睡,我就先回家了,我玩得很开心"这样的表示就够了。明确地打过招呼之后,果断地回家吧。

聚会中途,我们偶尔也可以到场外做几个深呼吸,利用这段时间填补因为和人交谈而消耗的能量。为了确保自己有时间独处,我们需要制订策略。有人一起同路回家确实是个麻烦,也许一路上都要进行尴尬的对话。如果不是关系特别亲近的人,你可以适当糊弄,然后自己一个人回家。离家还有段距离的时候,如果你说自己想一个人回家,这会造成误会,对方会觉得你讨厌他。你可以借口去附近商店买点儿东西,让同行人先走。说自己想多走路当作锻炼,使用共享单车或者滑板也是不错的方法。如果你有自己的移动工具,无论什么时候都能顺利逃跑。当然,我们不能酒后驾驶。

如果你已经结婚了,应该也没什么精力和一群人一起参加聚会。而养猫、狗的未婚人群拥有提前回家的免罪符,在我们享受华丽夜生活的时候,它们在家门口等待着主人。猫、狗的睡眠时间一般长达15个小时以上,一天24小时中清醒的时间不超过9个小时。作为夜行性动物的猫在人们睡觉时最为活跃,铲屎官和小猫同时清醒的时间十分短暂。人类的 1 年相当于狗或猫的 7~15 年。我们要格外珍惜生命短暂的动物伴侣陪伴我们的时光。

　　独处虽然舒适，但内向者本质上也是社会性动物。因此我们不只要体会孤独带给我们的幸福，还要去感受与他人相处时的幸福。拒绝参加那些剥夺我们时间的聚会，去加入那些能够拓宽我们时间的聚会。如果你还没有发现自己感兴趣的事物，现在还来得及。在了解、经历各种领域之后，我们才能发现什么适合我们，才能遇到能给我们生活带来新鲜刺激的人们。

别等到陷入
职业倦怠，才去休息

心的警报

不好！燃料指示灯亮了。是放弃高速公路，就近找加油站？还是继续前行呢？毕竟有人说过，就算指示灯闪烁也还能走 20 公里。

心想"走着走着也许就能看到加油站了"，脚下一直踩着油门，这种做法无异于一个人的能量濒临枯竭，即将迎来 Burn out（职业倦怠）。

燃料表的指针已经到底了，驾驶却仍在继续。心想着"目前还可以""现在还能坚持"，实际上，我们却忽视了危险信号。照这样下去，在未来的某个瞬间，能量会被消耗殆尽，到那时就什么也做不了。一切都是因为我们忽视了疲惫的身体和心灵所发出的警告。

默默工作以致心力交瘁

"他性格安静，做事稳重。"

一般情况下不会抱怨，尽职尽责，有必要时接受加班。回想入职的初心，能够拥有这份工作就已经很感激了。第二天按时到岗，延迟下班，不显露昨天加班的痕迹，就算花费比别人多几倍的时间也要把事情做完，这样自然就能听到他人对我工作的夸赞。假设你是足球运动员，每场比赛踢进一个球，同时也不容易负伤，教练自然很想继续聘用你。然而，陷入职业倦怠的人们极有可能就出自这群人。

公司的工作也算是一场零和游戏。有些人整天像牛一样任劳任怨地工作，而有些人幸福地度过每一天，到点下班。像牛一样安静工作的人们时常会想"大家总有一天会认同我的，但不认同也没关系"，可一到业绩评估季，就会发生让他们难以置信的事情。以牺牲自己去换取工作业绩，这个做法太不值当了。晋升时，旁座的老员工理所应当地得到好评；从不缺席下班后的每一场聚会的同事长袖善舞，也得到了好的评价。因此你开始自我怀疑："我这么努力地工作，难道就是为了这些吗？"

入职之初凭借傲气和韧劲，无论如何都要坚持下去的那股冲劲慢慢地消逝。年假越攒越多，任务量也慢慢地增加。要做到一如既往的任劳任怨也逐渐变得吃力，这个时候职业倦怠感已经开始浮现。由于身心俱疲，头脑渴望休息，身体却停不下来了，因为一直以来的业务量严重超过了自身的能力范畴。工作年限增加了，职级也上升了，若要减少任务量，又会害怕自己在上司面前失去存在感，还会被人误会说"现在工资涨了，职位也升了，工作态度就没有原来认真，初心不在了"。

长此以往，职业倦怠终究还是找上门来了。虽然自己还是和从前一样全力以赴，但能量使用效率大不如前。仔细想想，就算我拼了命地努力工作，公司也根本不会理解我，努力工作得不到赞许也就算了，公司还会指出我们的缺点，同时要求我们更奋发向上。这期间我们不仅体力被消耗，心灵也变得荒芜。体力告急而难以像原来那样为事业无私奉献，经常去医院看病，开始担心自己的身体健康，为了让自己抑郁的情绪状态得到缓解而不得不接受心理治疗。

放下想要回应他人期待的心

透支的人就算什么都不做也会感到喘不过气来，如同落水的人一般。为什么会这么难受呢？如果能重来，公司生活一定不会像现在这般费劲。在不清楚自己极限的情况下埋头苦干，一切在不知不觉间失去了控制。

先是小腿肚,然后是腰,水不断地漫上来,盖过了头顶,仿佛坠入深海之中。如果你认为过度工作理所应当,并几乎将它看作公司生活的全部,不妨想想自己的状态是否如上文描述那般。

就像需要把头探出水面透气一样,如果出现了不快的感觉,这说不定就是职业倦怠。反省自己的工作是否超出了自己的能力范围,是否为了完成过量的工作而把自己推至一旁。如果是的话,那就让我们一一松开握紧的双手。你必须明白,除非你离职,不然工作是永远做不完的,好不容易完成这项工作,下一项工作就已经在等着你了。习惯强迫自己的人不会考虑到自己的能力有限,只要可以,他们便会鞠躬尽瘁,努力工作,燃尽自己周身的能量。与其在今天透支自己,不如把相对而言不那么紧急、不那么重要的事情留给明天。

在处理紧急工作的时候,我们要懂得适当地拒绝来自他人的请求。陷入职业倦怠的人们无法想象自己说"我做不到"的样子,他们连不重要的事情也要认真完成,拼命迎合他人的期待。

除此之外,我们还要放下取悦别人的心。若能克服对辜负他人期待的恐惧,我们便能离为自己而活的生活更进一步。马蒂·奥尔森·兰妮[1]认为内向者的行动范围不明确的原因在于他们的幼年记忆。他们因别人对自身内向性格的批评活在自卑和负罪感中，最终失去了自我，只想着怎么革新不完美的自己，因为只有这样才能获得他人的喜爱，而同时他们还会表现得若无其事，仿佛没有受到他人的一丝影响。等到他们长大了，一旦没有顺应他人的期待，他们便会产生恐惧，害怕自己被抛弃。辜负了他人的期待，自然要面对他人不满意的皱眉，但同时也让我们离爱自己的方法更进一步，因为我们已经认识到包括自己在内的每个人都是有局限的。前面我们也有提到，在独处的时间里，我们可以问问自己：

> 我现在的工作是为了什么？是否在忙碌中忽略了自己呢？

说到底，职场生活是为了生计，我们贡献劳动力和时间，公司支付我们月薪，让我们去享用美食、畅饮咖啡、享受休闲时光。薪资更上台阶的明天值得我们期待，成了我们工作的动力。但是如果我们为工作透支了体力和精神，生活也会变得一片狼藉。工作让我们疲惫不堪、生活吃力，连和人相处的闲暇都没有了。为了将积

---

[1] 马蒂·奥尔森·兰妮（Marti Olsen Laney）：美国当代最重要的内向性格研究权威学者之一，著作《内向者优势》受到业内人士的一致好评。

攒的压力一扫而空，我们花钱开始大手大脚，用购物来取代和人相处的时间，去填补心中无法消除的空虚，以此形成恶性循环。

观察、管理自己的能量状态

如何管理我们的能量，提升我们的抗压能力呢？了解我们一天中在哪个时间段耗能最大很有必要。有的人在一天工作刚开始的时候没精打采，午休过后能量才缓缓上来；也有的人与之相反，精神满满地上班，随着时间推进，状态渐渐走下坡路。让自己在精力最充沛的时间段处理最需要集中精力的事情，在精力下滑的时间段里做简单的事情，可以最大限度减少耗能。从早到晚强弱不分、片刻不停地埋头工作，换作任何人都会疲惫。我们每个人都要试着调节，什么时候该投身于工作，什么时候该停下来充电。

在放电前，我们要确定能量状况再调节使用。比如明天晚上有酒局，那中午就自己一个人吃午饭，给自己充电；今天工作量较大、片刻休息时间都没有，那今天就整点下班。一些事情可以放在一周内去完成，也就没有非在今天全部解决的必要，我们无须为此过度劳累。各位不要忘记，不管怎么样，我们每天的日程安排都是基于"为了我自己"这个大原则之上的，因为管理内心世界的人只能是我们自己。

打造属于自己的仪式感

你有属于自己的仪式感（Ritual）吗？"仪式"即我们为了达到自己想要的心理状态而反复进行的一种行为。西班牙职业网球运动员拉菲尔·纳达尔在发球前有一套特别的动作：整理他的裤子、捋顺袖口和肩膀的衣服，然后摸下鼻子，把一侧的头发别到耳后，另一边再重复一遍。这一系列动作可以说是他发球前的固定流程，可以让他的内心平静下来。韩国男子游泳运动员朴泰桓在赛前的仪式便是戴上耳机听音乐。内向者的仪式感只有内向者才了解，看看下面列举的例子，为自己量身打造一套仪式，给自己疲惫的心灵充个电吧。

*为内向者准备的仪式

撸猫、撸狗、播放油管上"让心灵平静"的音乐清单、短暂冥想、去公司外面戴上降噪耳机以隔绝噪音、早起喝一杯温水或煮一杯热茶饮、每天按计划打扫家中卫生、安排好固定时间或每天的菜单、下班洗澡后享受Pantsdrunk（芬兰文化：穿着舒适的衣服在家独自享受美酒）、整理衣物、收拾杂物、完成一件事情之后奖励自己散散步或喝点咖啡、在顺道的书店欣赏书的封面、搜集人们在压力达到极值时用来解压的可爱照片或视频。

等身体出现状况再去休息就已经来不及了。我们应该把休息看作生活的一部分。所有人都知道工作50分钟之后要停下来休息10分钟，但真正做到的人没有几个。为什么偏偏是50+10这个分配比例呢？这是因为人注意力集中的极限时间是50分钟，超过50分钟，人会感到疲惫。能做到两三个小时注意力集中的人要么状态完全投入，要么效率极其低下。如此苛刻地对待自己的后果就是腰酸背痛、胃病、乌龟脖等问题。一旦身体出现了问题，心理自然也会生病。因此我们要照顾好自己，不要让自己生病。一旦陷入了职业倦怠，再想回到之前的状态就很难了。

· 为了不让自己陷入职业倦怠的自我定时法

为了提高效率，人们常常使用波莫多罗（番茄）计时器。总的来说就是"工作25分钟，休息5分钟"，一旦计时开始，到了休息时间，为了不让自己陷入职业倦怠状态，就必须停下来5分钟。工作50分钟，休息10分钟也好；工作25分钟，休息5分钟也罢，总之我们要给大脑休息的时间。我们可以在线下购买番茄计时器，也可以使用手机应用软件来帮助我们计时。

为什么内向者
需要进行正念训练？

正念训练收获日常的平静

有一些事情，我们知道做了有益，但是却不会去做，比如运动后的拉伸、素食、多喝水、关心问候父母……还有什么呢？还有正念冥想（Mindfulness），它也属于这一类。正念，就是让我们集中于现在、当下的一种训练方法。这一训练方法来源于拥有数千年历史的佛教，现在正深受全世界人们的喜爱。对宗教没有兴趣的人们也能感受到生命的丰盛，只需安静地将自己的注意力集中少许时间就行了。

正念的意思就是，对当下的这一个瞬间不做任何评判，只是去接受它。不会有目的地去判断它是对是错。正念冥想的原语为Vipassana（内观禅修），也就是冥想，它的目的如下：

消除我们的烦恼，清理我们的心灵。克服悲伤、劳累、悲哀、情绪上的痛苦、身体上的苦痛，最终我们就会达到涅槃。这是一个将一切从痛苦中解脱出来的过程。

"涅槃"这个词看上去好像离我们很遥远，但实际上它已经应用于临床治疗中。向世界传播冥想训练法的人正是美国马萨诸塞大学医学院的名誉教授乔·卡巴金，他运用冥想，创造了压力治疗法，也就是为期 8 周的 MBSR 项目（Mindfulness-Based Stress Reduction Program）。包括正念在内的坐禅、瑜伽、走路冥想实际上对焦虑、抑郁、恢复自尊等治疗很有帮助。

有很多内向者具有很强的共情能力，但他们对自己的感情却很迟钝。他们总是否定自己，因此在人际关系中总是受到压力，无法表达自己的内心，火气淤积在体内。持有这种性格的内向者如果学习了正念训练，他们就会认为"当下正在呼吸的我，是一个很不错的人"，内心自然就会变得平静，正如前文所说，我们正集中于当下的现在。当然，失败的单恋、高考、求职择业、失言、纠结的晚饭菜单、即将到来的星期一，等等，还有对过去的自责和对未来的焦虑，我们不可能完全阻断这些想法产生，我们只是对其不做任何反应，放任自然，不要跟着脑海中盘旋的这类想法奔走，就让它们去吧，我们只是在一旁观察。

专注于自己身体的感觉

好,读到这里,你下定决心冥想了吗?让我们从最简单的事情开始。首先,如果你在家里,就请坐在厚厚的坐垫或椅子上,不一定要盘腿而坐,但一定要让你的腰远离椅子背,身体要直立起来。刚开始我们不闭眼,只把注意力放在自己身体的感受上,花 5~10 分钟的时间观察当下的瞬间,客观地看待事物(视觉),聆听外界传来的声音(听觉),用心去感受香气和味道(嗅觉),留意皮肤感受到的温度(触觉)。在专注于感官感受的时候,我们会产生什么想法呢?静静地看着桌上的物件,有书的话,仔细观察这本书的外观,产生了一些零星想法也不要对它们做出反应和评判,这些想法很快就会消失不见。再把注意力转移到其他地方,水杯里有一半水,加湿器分散水分时会发出声音。寂静中能听到空气净化器的声音。我们可以将注意力放在我们想要集中的地方,在咖啡店、办公室、公园里,我们也可以用这种方法进行注意力集中练习。

在正念的过程中,你的感受是怎么样的呢?冥想并非是留下愉快、开心的感情,消除负面情绪。不管你的感受如何,最重要的目标就是保持内心的平静。也许在真正的正念训练中,积极的情绪也是一种阻碍。人的感情是暂时的,千变万化的。即便感受到了好的情绪,它也不会持续很久,但如果感觉到痛苦,很多时候却很难从它们中摆脱出来。因此,不管是什么感情,我们最好都不要去关注。如果集中于自己身体所感受到的自然的感觉,我们反而能安静地让这些感觉流走。积极的情绪最终都会消失,如果明白了这点,我们便不会执着于幸福。如果知道消极的情绪不是来源于当下,而是过去或者未来,那么我们便不再感到害怕,因为最重要的是此时此刻我的身体和内心。

"想法不等于我,感情也不等于我。"曾经有过一段时间,每天早上我会跟着油管频道"Mindful TV"里面的这句话调整自己的心态。

前不久,因为业务上的电话,每天晚上我都带着压力下班,那段时间我就会对自己说:"现在感受到的一切消极情绪和与业务有关的想法都不等于我自己。"说完,我真的感觉到了安慰,差不多到家了,我的内心又恢复了平静。

日常生活中的正念

大家脑海中冥想家的形象大致如此:穿着僧侣服,脱掉袜子,盘腿坐在地板上、草地,甚至湿漉漉的海边沙滩上,闭着眼睛的脸看起来既平静又幸福。不知怎么的,虽然冥想对我们来说有点儿遥远，但事实上冥想没有规定的时间、姿势、服装、场所，与宗教也没有关系。如果有什么要注意的，那也只有一点，就是坐在椅子上时最好把腰背和椅子分开。在心灵冥想时，要注意呼吸。脑科学家李时炯博士表示："每天至少要做 10 分钟的呼吸训练。"将手放在丹田（肚脐下去三寸的位置），每次呼吸都能够提到后腰，这是腹式呼吸。只要能像这样正常呼吸，在任何地方都可以进行正念训练，还有一个重要的条件，那就是必须在不受影响的地方。因为要用肚子呼吸，所以事前过度进食是不利于冥想的。如果你想以舒服的坐姿进行冥想，建议最好不要穿太紧的裤子，穿舒适的衣服，放松皮带即可。

如果喜欢走路，走路冥想也不失为一个简单的方法，也可以提升我们对自己身体的关注。首先选择可以随走随停的安静路径，以一个舒服的姿势站着，闭上眼睛，深呼吸。然后睁开眼睛，环顾四周，去感受。感受脚在动、脚掌在地面上铺展开、脚离开地面的感觉。每走一步，你都能感觉在此时此刻存在的自己。最少往返走 10 分钟。如果熟悉了，在购物中心、书店、地铁等可以走路的地方都可以尝试进行。另外，我还想推荐有助于集中注意力的视频和音频。各种音、视频网站或平台上都有指导冥想的频道，也有像 ASMR 音频一样帮助集中精神的内容，如果合理地利用，就算没有颂钵，也能听到有助于冥想的音乐。下面我们来看看各种不同频道的内容吧。

·Kakao 社会服务项目——提供正念冥想的治愈音频

——Kakao kachi kachi：Kakao 与冥想家一起为大家提供免费的正念冥想疗愈音频，跟着音乐我们可以进行各种练习。(together.kakao.com/mind/mindfulness<正念冥想>，together.kakao.com/mind/sounds<治愈音频>)

·对冥想和心理健康有益的油管频道

——Mindful TV：内容涉及不同的情境，我们边听边冥想，会听到肯定性的话语，还有一些对冥想、心灵的答疑，对内心平静和吸引力法则的介绍。

——冥想的她：为治愈冥想、颂钵冥想、晨间冥想、缓解失眠等各种情况提供冥想指导的视频。

——Aileen mind yoga：内容以瑜伽为主体，同时也为入门者提供很多冥想指导，如晨间、夜间、走路冥想的内容。

> **·有助于冥想的收费软件**
>
> —— Head space：由在西藏结束僧侣生活后还俗的正念专家安迪·普迪科姆运营。
>
> —— Mabo：由心理专家刘静恩（音译）运营的频道，介绍各种内容，如正念冥想法、帮助安抚内心以及深度睡眠的方法等。
>
> —— Calm：该频道提供关于正念、不同年龄层的冥想、睡眠休息、排解焦虑、自尊、自爱等有关的内容。
>
> *许多收费软件在免费体验时间结束后自动收费，特此提醒。

冥想的历史长达数千年，修炼方法体系庞大。由于冥想的历史由来已久，因此短短几行不足以传达冥想真正的技术和效果。本章介绍的入门级方法可供正念初学者参考，如果有读者对"正念"这一概念感兴趣，不妨就此通过相关书籍和视频更详细地了解一下。一边冷静地冥想，一边观照自己的内心，就此拥有自我治愈的时间，感受周身存在于当下的那份平静。

幸福始于感恩

只需爱自己就能够幸福

我们每个人都念着"今天也能平安度过"开始每一天,然而事与愿违的情况不要太多。出现状况外的问题,我们就会感到不知所措,火气上升,抱怨命运的不公:"为什么这种事偏偏发生在我身上?"事实就是,给我们带来压力的消极事件大多都是我们无能为力的事情,我们对事情的态度和看法对幸福造成的影响不亚于这件事本身。这个时候,我们最需要的是自我肯定和自爱,并对每件事生出发自内心的感激。只要做到这两点,我们便能克服不幸,守住幸福。

我是会自我肯定的人吗?

"你现在这样就挺好的",像这样的一句话也能成为安慰。真正幸福的人就算没有他人的认可也能好好的,因为他们已经清楚地知道自己存在的价值。像这样肯定自己存在的心理就叫作"自我肯定"。如果肯定自己,就不会执着于他人对自己的评价,不依附于他人,也就不会轻易陷入寂寞之中。在他人面前将自己的真实面貌自然地展现,也会感受到和人交往的乐趣。

> ·如何用一句话来表达自我肯定?
>
> "我现在这样就很好了。"

能够自我肯定的人还有一个特点,那就是他们知道自己的缺点,但是毫不在意,他们不会去隐藏自己的缺点,而是大方地将它们展示出来。这些缺点反而让他们看上去更真实,因为人本来就对有瑕疵的人们更有好感。

相反地,自我肯定感低的人就无法进入这种理想的关系,他们总是一个人想着如何去和人相处。身材变差了,就去健身房努力运动;自己只有破旧的衣服,所以疯狂地购物;他们认为有钱才能交朋友，于是为了得到更多的钱，他们选择加班。他们这些行为出于自己达不到完美就不和别人交往的心理，他们因害怕受伤而犹豫是否要与人建立关系，提前担心不好的结果也是因为自我肯定不够。要想提高自我肯定感，就要把认可的基点从他人转移到自己身上。日本心理咨询师石原加受子将这种需求定义为"他人认同——自我认同"。他人认同是指通过外貌、财富、名誉等他人的评价来满足的欲求，而自我认同指的是自我尊重、信任、自豪等。

举一个简单的例子，我们不会因为别人"你给我自豪起来"这么一句话就会感到自豪，我们自豪的关键在于我们自己的想法。无论何时，只有以自我为中心，去做能带来满足感的事情，我们的生活才会变得愉快。

与其责备自己，不如用温暖的话语安慰自己

不仅是内向者，很多人的内心都存在自我批评的声音，比起积极的时候，这些声音在消极的时候会更多地占据主导地位，来支配我们的内心想法。"一直这样下去，你的人生就这样结束了！""那你看看你自己，有谁会喜欢你呢？"如果是你的朋友或是你的妈妈听到这样的话，他们会说什么呢？他们可能会说"最近工作忙，很累吧？不如现在休息一会儿""你的穿着太素了，表

情也不够丰富,不如稍作打扮,平时多笑笑,这样会好很多呢",像这样,我们也要给予自己温暖的安慰,这就叫作自我善待。

> · 如何用一句话来形容自我善待?
>
> "我宽容地对待我自己。"

自我善待有3个要素:对自己宽容,对普遍人性的理解,以及正念。第一,做某事失败了,也不进行自我批判,要知道人无完人,经历失败是再自然不过的一件事;第二,不是只有我一个人在经历当下这一切,我并不特别;第三,不要放大或刻意压抑负面情绪,否则就会陷入自我合理化或者自我怜惜之中。

自我善待和自尊不同,自尊与自己的社会价值、能力等有很大的关系。不懂自我善待,光有自尊心的人通过贬低他人以提高自己的价值。他们以世俗的标准来划分人的高低贵贱,一旦失败就会沦落为"阶下囚",自尊也因此跌落谷底。因此在某事一筹莫展或者失败的时候,我们如果想要迅速恢复元气,就要练习自我善待,只有对自己宽宏大量,别人才会这样对待我们。

·自我善待的8种方法

得克萨斯州大学心理学教授克里斯汀·涅夫提出了以下8种方法:

1. 想想自己对周围正在遭受痛苦的好朋友可能会说的话,试着将对朋友说的话和平时对自己说的话进行比较。
2. 想象一个糟糕的情景,清楚自己的痛苦和压力到底是什么。要知道,痛苦是人生的一部分,为了善待自己,自问自己到底能做些什么?
3. 把自己想象为自己最珍贵的朋友,试着给自己写信。
4. 轻轻地用手抚摸自己。
5. 将内心对自己的批评换成对自己肯定的评价。
6. 写自我善待日记,将静观觉察、自我宽容和共通人性的观点记录下来。
7. 试想自己真正想要的是什么。
8. 如果从事护理工作或者有家人要照顾,那本人需要另外抽时间来给自己充电。

马上获得幸福的方法——感恩

既然如此,让我们来吃一碗美味的拉面吧!你肯定会想,这到底在说什么啊?在论坛幽默评论区,我曾经看到一篇文章,标题为《怎么吃一碗美味的拉面》。在吃拉面之前,先想象自己在海拔数千米的大本营,帐篷外面气温骤降,暴风雨和暴风雪袭来,在这种环境下,你居然奇迹般地用饭盒煮好了一碗拉面,用冻得僵硬的手夹住一筷子拉面放进嘴里的一瞬间,不由自主地说出了方言:"天了噜,谢天谢地!真是太感谢了!"带着这样的想法去吃拉面,味道就没有不好的。当时看完这篇帖子,我回复了"有趣"二字。我从中知道了,懂得感恩的人生是多么的幸福。越是对生活中的琐碎小事常怀感恩,生活就会越幸福。

有两个研究可以证明这一点。让参与实验的人记录下每周发生的事情,一组写值得感谢的事情,一组写消极的事情,还有一组不管什么内容都写。十周后,记录感恩的事情的那一组实验者对生活的态度变得更加乐观,运动的次数也比其他组更多,去医院的次数也少。还有一些研究者对感谢信进行了研究,调查它们对幸福造成的影响。参加实验的人是那些从未对他人的亲切表达过感谢的人,当他们写感谢信时,他们的幸福度立马大幅度提升。

为今天也能无事度过而表示感谢

如果你觉得"没有什么值得感谢的事情",那么不如感谢平凡而朴素的日常生活吧!不要光想,把它们写在纸上更能感觉到那份清晰的感恩。最好的方法就是每天写感恩日记,早上起床后慢慢苏醒的过程可以用来冥想,出门前想着"今天也是美好的一天,谢天谢地"。做到这些,平凡的一天也能看起来不同,我们对它的期待也会变高。睡前也可以写下"今天要感恩的三件事",虽然一整天忙得不可开交,但如果有值得感谢的事情也能从中获得安慰。如果你习惯在睡前看手机,用应用软件来记录感恩日记也是不错的办法。

不是因为幸福才去感恩,而是因为感恩才变得幸福。如果等彩票中奖或成为富翁之后再去感恩,那么我们可能永远都触及不到幸福。此时此刻我们马上就可以感恩。也许还是会有人不知道自己到底为什么去感恩,因为确实没有让他们感到喜悦的事情。这个时候,我们就从周围开始寻找,去关注那些细小的喜悦。比如夜晚在公园散步,我们可以呼吸到清新的空气,嗅到树木或花草的香气;在舒展身体的时候,试着对自己的身体说句"谢谢你";感谢和你分享碎碎念的朋友的存在;听着让人心情舒缓的音乐,感谢自己有一双聆听美妙音乐的耳朵。原来理所应当的事情都值得我们去感恩,慢慢地,我们也就能感觉到幸福。

猫，
内向者可爱的伴侣

为什么猫管家会让内向者幸福？

> 如果动物会说话，那么狗就是个急躁、直言不讳的人；而猫则会有少见的不多言的优雅。
>
> ——［美］马克·吐温

"或许你想要暂时领养小猫吗？"某天在公司工作的我接到了同期入职同事的一通电话，有人在地下停车场捡到了一只被猫妈妈抛弃的小猫，于是我稀里糊涂地成了一名铲屎官，这还是生平第一次。因为猫咪背上的花纹是条状的，于是我给它取名为"青花鱼"。然而它在两周后找到了新的主人，离开了我家。那时我感受到了一种"猫去家空"的空虚，在那之后不久，我就组建了一人一猫的家庭，我成了未婚的一家之长。感谢每天下班都在玄关处打滚迎接我的小猫，性格内向的我们彼此并不多言，但能够互相陪伴就已经足够了。

喜欢独处的内向者也需要爱和依靠的对象，明亮的眼睛、小巧的鼻子、圆嘟嘟的嘴巴、时而竖起时而折叠的耳朵、圆滚滚的脑袋、胖乎乎的肉垫……怎么看怎么可爱。每每结束累人的工作到家，这个小家伙总是会凑上来迎接我，它给我的生活带来了许多力量。虽然它很任性，但这也是它的魅力所在。猫只有在自己想和人靠近的时候，才会亲近自己喜欢的人。这种平时唤也唤不来的高傲生物，单在一旁静静地看着，你的心情就会变好。虽然猫自己不喜欢，但每次触摸它那果冻一般的肉垫时，疲劳就会在一瞬间消解。

内向者和猫可以成为绝佳的室友，因为二者都是独立的性格，尊重对方，互不侵犯对方的领域。不管猫有多么可爱，内向的铲屎官有时候也想一个人待着，猫也是一样。如果和猫在一起生活，一定要给猫提供不受妨碍的空间，猫爬架和迷藏屋是必不可少的，也许还要让出家里的卫生间或玄关。你的小猫只有在自己无聊、想玩的时候或想要别人抚摸的时候才会靠近你。如果抚摸太长时间或者一直在它身边，它反而会讨厌你，它特别讨厌你因为它可爱而紧抱住它，它这个样子和内向者一模一样。

小猫不会以貌取人，内向者在社会生活中不得不遵守的条条框框，对小猫来说都是无意义的。说出来都怕别人嘲笑，和小猫在一起生活，一年多都还会认生，洗澡或上厕所的时候总能感觉到小猫的视线，然而这一切对小猫来说又有什么意义呢？就算你整天头发乱糟糟、衣服松松垮垮，小猫也不会介意，反而无论在什么地方都把腿伸得笔直，正正经经打扮的样子有时会让人更觉尴尬。再怎么善解人意、性格随和，只要和人群一起相处，总归是有所保留的，但是在小猫面前，我们可以放心地展现百分百真实的自己。

我们不用和动物对话，和它们在一起，虽然周围环境安静，但令人心安，没有独处那么孤独。说出来有点儿好笑，我们真的不用对猫说"最近过得好吗"，比起沉默，内向者更害怕需要闲聊的场合。内向者和小猫一样，都喜欢安静的环境。一天中16~17个小时都在睡觉的小猫拥有和人类完全不同的生活节奏。在漆黑的夜里练习捕食，其余的时间都在睡觉，以储备自己的体力。和小猫在一起生活，我们常常要把音乐声音调低，空荡荡的房间里，就算没有声音，我们也不会觉得孤单。

外向的爱狗族VS内向的爱猫族

人们常常用猫和狗来比喻人的性格，狗的性格外向，它们亲近人，用叫声来表达自己的感情，喜欢黏着主人。猫和狗相反，猫是典型的内向动物，安静内敛，挑人亲近，需要空间把自己藏起来。有心理学研究专家做过一个调查，有4565名调查者认为自己是爱狗族或爱猫族，经过调查发现，其中养猫的人里内向者更多，爱狗人士比爱猫人士更外向、更具亲和力、更忠心，爱猫人士比爱狗人士更内敛、更疏离、敏感度和开放程度更高。

爱狗族和爱猫族在人口统计学上也有不同。以加拿大6000名铲屎官为调查对象的一个调查结果显示，参与调查的爱猫人士中的单身者数量超过了调查总人数的1/3。另外，调查者中住公寓、和家人一起住的人的数量是住独门别院的人两倍。已婚有小孩的人士更喜欢养狗，而未婚的职场人，比起需要操心的狗，猫和他们更合拍。家里养猫或者安静的动物，主人不愿意打扰隔壁邻居的可能性更大。如果不去宠物医院，几乎没有什么需要外出的事情。狗需要拉出去散步溜溜，猫就只要待在家里，上厕所也是自己解决。

因为性格内向才选择养猫呢，还是因为养猫才变成了内向性格呢？与之前相比，在家的时间多出了一大把，几乎不在外面住或出门旅行，尽可能地避免出差，拒绝下班后的约会，聚会的次数也比之前少了，只要想到在黑漆漆的家中等待我的小猫，人就自然而然地变了。曾经抽烟的我也因为抽烟对小猫的支气管不好戒了烟。小猫的性格独立，那些想着家里没人也没关系的人是不会知道小猫到底有多孤单的。下班一到家门口，小猫就会发出"呜呜"的声音，仿佛是在叫你快点进门。以上这些都是作为猫主人的本人为内向生活做出的合情合理的"辩解"。

如何遇到你的那只猫？

作为一个从宠物店领养小猫的人来说，每每想到被遗弃的动物，我就会有愧疚感。出生 2 个月的宠物崽子成天摆放在刺眼的 LED 灯之下，没有被人选走的小猫就会被重新送回名为"工厂"的繁殖厂，它们就会和它们的妈妈一样，不停地怀孕直到生命结束。更严重的是，有些人会把动物当作物品一样对待，买回来之后厌倦了就把它丢弃。某调查结果显示，2010 年后，10 年间有 947 098 只动物被主人抛弃。10 天内主人没有出现，它们就要等待新的主人。49.8% 被丢弃的动物最后要么痛苦地死去，要么接受安乐死。因为想要阻止这类悲剧的发生，我们才呼吁更多的人领养小动物。

我把"苹果"从商店领回来的理由是这只小猫的性格。有的小猫想要人们把它带走，一蹦一跳地，有的猫甚至用力地把爪子伸到橱窗外面，吸引人们过来的样子就像一只小狗。逛了三四次宠物商店，我发现了一只与众不同的小猫，它仿佛认为人们的关注是一种负担，漫不经心地转过身去。那好像是只刚断奶的小猫崽，毛茸茸的，人们觉得它可爱，抓住它的前爪和它握手，它就一副不知所措的样子，天生乖顺。我把它的表现看在眼里，只要有人在，它就是一副被人夺走力气的样子，可以说是天生的内向者了。回家后的几天，我仍会时不时地想起那只小猫，后来它就成了我们家庭中的一员。

如果你是生活方式偏静态的内向者，关于养猫这件事要三思而后行。只有人与猫的性格相似，你们才能安静、平和地在一起生活。也有一些小猫渴望得到人们的关心和抚摸，这种类型的小猫在你领养前要慎重考虑，想清楚自己是否能接受活泼、好动的小猫。对于在家喜静修身的人来说，不需要人们操心太多的小猫更适合他们。暹罗猫就是出了名的调皮，喜欢与人为伴，对人非常亲昵，所以它也被人们称为"像狗一样的猫"。它善解人意、可爱的性格固然好，但如果主人没有给予它想要的关注和关爱，那反而是一件麻烦事。

另外，把伴侣动物带回家随之而来的是责任。猫的平均寿命为15年，这差不多是在大企业工作的连续工龄了，长时间养猫大概要花费1500万韩元~2000万韩元。猫的情绪年龄相当于人类年龄的3岁，所以要做好陪伴小猫到生命结束的心理准备，下定决心担负起这个责任再做决定也不迟。如果没有这个信心，为动物保护组织献出自己的绵薄之力或是时刻关注动物的动态，满足以上行为也已经足够了。如果还是想要养猫，建议大家要充分了解猫的性格和养猫的方法，把猫养得健健康康的。如果最后猫成为你的家人，那么不管发生了什么情况，你都是它的主人，你要陪伴它直到它生命结束。爱猫、关心猫，猫会成为内向者独一无二的朋友。

打造属于
自己的空间

一个观照自己的空间

和父母住在一起的时候总是对独居抱有幻想,家里有长长的餐桌,在上面摆上晚餐,邀请朋友来家里开深夜派对。

开启第一次独居生活不久,我就意识到了理想与现实的差距。身为内向者的我并不是"了不起的盖茨比",开派对不能让我充电。比起派对,我更喜欢在家享受惬意的休息时刻。说出来有点儿对不起我的父母,独居生活前的休息根本算不上"休息"。对内向者来说,家就是栖息地,用来补充自己在外消耗的能量的地方,在那里没有人对自己最真实的模样指指点点,是让疲惫的身心得以恢复的地方。

内向者的栖息地装修——通过色彩和照明来打造

不妨试着用柔和的色调来装点房间，把家里的床具、地毯、家具等都换成柔和的颜色，氛围就会完全不一样。很多专家推荐使用沉稳、自然的颜色，用米色、纯白色、奶油色等也不错，它们可以营造舒适的氛围。

灰色、藏青色、绿色等颜色可以安抚内向者的情绪，糖果色和浅咖色可以把人从日常的超负荷工作中解救出来，柔和的蓝色系可以让人产生幸福的感觉。内装材料比起选择冷冰冰的瓷砖，不妨考虑一下温暖的天然木材。

在晨光的沐浴中，我们以整理床具来开始新的一天吧。阳光越充足，心情就越温暖。

在室内待的时间过长，我们就会缺少一种名为"阳光维生素"的维他命 D，长期下去就很容易患抑郁症，冬季抑郁症"winter blue"高发就是日照量不足导致的，自新冠肺炎传播起，抑郁症的患者增加也是因为日照量太少了。

色彩越温暖，人会感到越舒服。公司办公室内使用的荧光灯放在家里就显得太过冰冷和刺眼了。如果不想在家也感受在蓝光灯下工作的感觉，那么建议你更换家里的灯泡。休息的空间，我推荐使用暖橘调的灯光，选择 3000K 值左右色温的灯泡就行了。

比起直接照明，间接照明能减轻眼睛的负担。[①]在看书的时候，白色系照明有助于集中注意力，使用能够根据情境的不同更改光照颜色的智能灯具更方便。

就算是再小的房间，内向者能够拥有完全属于自己的空间也是一件好事。和室友、家人一起生活的人们尽可能地寻找阻隔外部干扰的方法。摆放桌子和床的时候，避开玄关门、房间门直对的地方，搭配摆放一些家具，这样在开门的时候就不会暴露自己的个人隐私。还有个办法就是设置一些简单的隔板，用网状物把空间分隔开来，还可以加上小道具、照片、便条等装饰。隔音效果不好的房间里可以设置隔音门窗，外界噪音的减少可以带来显著的安心效果。

让内心平静的极简生活

有些人是房子有多大就买多少东西，然而我只留下我认为重要的东西。由于首尔昂贵的住宿费用支出，我顺理成章地变成了生计型极简主义者。与其因为东西多而搬到宽敞的大房子，我还不如精简自己的所有物而住在小房子里。"少即是多"，即"Less

---

[①] 直接照明，直接照亮想要照亮的部分，灯具光线射出后能直接到达工作面上；间接照明，用灯具或光源通过墙壁、镜面、地板等光源反射后的一种照明效果。

is More"，这句话在哪儿都适用。只留下和我的生活有关的物品和家具，其他的就果断地把它们清理掉吧！空间留白越多，心情也就越舒畅。

四处摆放的物品和堆积的灰尘首先在视觉上就给人带来疲劳。"只留下让自己怦然心动的东西，其他的都扔掉"，近藤麻理惠的这句话可以说是极简主义的金科玉律了。还有人让我们扔掉闭上眼睛记不起放在哪里的东西。要果断地处理没有用却舍不得扔掉的杂物。大到客人用的椅子和洗衣店的衣架，小到多余的、不能用的笔，全都扔掉。一顿清理之后，不要再去买收纳用的家具和箱子，因为到时候里面装了什么也不知道，最后只是把它们扔在仓库里不管不顾了。装满衣柜和收纳箱的衣服按季节只留下几件，其余的果断扔进回收箱。不管什么都可以挂起来，经常使用的物品挂在墙上收纳，可以腾出原来占有的空间。吹风机用完之后把线缠好，放在墙上的置物架上。使用不打洞的粘贴型支架还可以不留下使用痕迹，之后可以不留痕迹地把这些粘钩摘下来留作他用。帽子、环保袋、包等都可以挂在墙上，还可以用来收拾乱七八糟的首饰。留下几件爱用物，其他的就扔掉。占地的物品越少，清扫起来也就越方便，室内空间也会变得更宽敞。

简到不能再简而留下的物品是不能丢弃的东西。我们整理的理由就是为了留下让我们心动的东西。我放弃了扔掉纸质书的想法，之前我把几百本纸质书用扫描仪或平板扫描成 PDF 版本，但这样一来就没有看书翻页的感觉，也少了在书上画线、做笔记的乐趣。就算应用软件和电子设备不断地发展，也不能还原阅读纸质书的感觉。我书架上的书反映了我当下感兴趣的主题或烦恼，是我的珍贵财产。每隔一段时间整理这些宝贝书籍都有一种淘金的感觉。

为了自我充电而养成的机智生活习惯

一闻到花草香，头脑就变得清醒，心情就会变好。心情平静了，压力就少了。花的治愈效果是经过科学证明的，韩国农村振兴厅园艺研究所表示花香具有缓解压力的效果。

实验结果显示，玫瑰香气会增加提高集中力和记忆力的 α 脑波。从植物中提取的精华油对缓解疼痛、消除不安感和忧郁感有效果。好的香味可以刺激调节疼痛的大脑，促进血清素和内啡肽的分泌。但是，有宠物的房子要小心使用植物和精油。猫、狗和人不同，它们的肝脏中可以代谢的物质是有限的，有些油和植物反而会成为它们的毒药，最具代表性的是百合、茉莉花、菊花、桉树等植物。茶树精油等大部分精油对猫也不好。有些花还是不错的，比如玫瑰、兰花、雏菊等。一定要事先向兽医等专家确认是否可以使用，美国防止虐待动物协会向养猫的人提供对猫有害或安全的植物清单。为了动物和人都能幸福，让我们理智地打造香气四溢的空间吧。

> · 美国防止虐待动物协会（ASPCA，American Society for the Prevention of Cruelty to Animals）提供的对猫有害/安全的植物清单
>
> www.aspca.org/pet-care/animal-poison-control/cats-plant-list

音乐具有减压的效果，可以提高幸福感。有研究可以证明这一点，听着音乐进行白内障手术的患者血压比一般患者的更稳定。对接受脊椎麻醉、接受泌尿科手术的患者来说，音乐起到了镇静剂的作用。甚至注射异丙酚后陷入无意识状态的患者在听音乐时状态也很好。据调查，手术中听音乐的患者压力荷尔蒙数值和心跳数相对较低。还有一些柔和的音乐，比如咖啡店的声音或者下雨的声音等这类增添氛围感的"Ambience Music"，它可以让原本平凡的家庭氛围变得更丰富，还有助于集中精力。

最后，将室内空气、温度、湿度控制在舒适的范围。长时间

待在室内，如果不换气，室内有害物质的浓度就会上升。为了预防头痛、疲劳、皮肤疾病等各种疾病，我们要常常换气。在室内放置可以净化空气的植物或者是借助空气净化器，把我们呼吸的空气变得更干净吧。想要保持健康，冬季室内适宜温度在18~20摄氏度，夏季室内适宜温度在26摄氏度。在室内让人感到舒适的湿度要保持在40%～70%区间。湿度不够就会变得干燥，湿度太高就会滋生细菌，人也会感到不适。

打造只属于自己的空间

打造只属于自己的空间，一整天不用出门，只是在家待着就会有好心情。任何时候都可以把袜子脱掉，舒服地躺在床上，有这么一个空间是一件很幸福的事情。为了便于打扫而布置的房间，每天只要简单地擦拭干净就能让自己的心情变得舒畅。白天有阳光照射进来，晚上室内充满亮度适中的柔和光线。一室一卫也好，三室两卫也罢，重要的是这里完全是属于你一个人的，听着喜欢的音乐，看书、喝茶都可以。这样做只有一个副作用——家里布置得太舒适，会让人每天都想早点下班回家。

不要让手机
夺走我们的时间

SNS 不会让我们变幸福

5 小时 24 分钟，这是我在某个星期五晚上统计的一周使用手机的时间。上网 2 小时 28 分钟，Kakao talk 1 小时 18 分钟，油管 1 小时 11 分钟，剩余时间用来看地图或是拍照片。因为工作，最近忙到一周上 Instagram（照片墙）的次数大概为 1~2 次，和韩国人均每天使用 SNS 1 小时 20 分钟相比，我的情况算好的。问题在于，我到家之后都是用电脑，除去码字的时间，浏览油管和论坛的 2 个小时就是虚度的，手机加电脑的使用时间加起来就超过了 7 个小时，就算不玩 SNS 也不能解决问题。被互联网抢走的时间足以抵去内向者引以为傲的注意力。

说出来有些不好意思，前不久我成了 Instagram 上的"小网红"，粉丝数达到 500~10 000 人的就可以算小网红。一开始玩 Instagram 只是为了记录每天的运动，不知不觉每天都有更新，有种和现实职场生活区分开来的第二人格的感觉。现实和线上的人际关系差距逐渐变大，实际生活中联络、见面的不过七八人，而线上的粉丝超过了 3000 人。一上传内容，底下就会有十几二十条的评论。在现实生活中，我仍然是那个极度内向的人，比起用语言和人对话，我更喜欢打字，以文字的形式和人交流。

SNS 实际上就是一种社交活动。只不过换了一种交流工具，在时间和精力的消耗上是不变的。精神能量有限，但人际关系的链接是没有限制的。只要账号公开了，任何人都可以关注你，你来我往地点赞或评论，关系就这么维持着。拥有数万名粉丝的 SNS 网红明白互动的重要性。不知不觉间，我也开始纠结，和好朋友见面要不要在 SNS 上表示点什么，生活变得麻烦了。当时在运动社团上认识的一位好朋友问我"为什么要发 SNS 呢"，看到这个问题的我如当头棒喝，有个想法产生了："是啊，我为什么要这么努力地经营 SNS 呢？"从那以后我就暂停了这个运动账号的更新。

手机正在偷走我的时间

2617次,这是智能手机用户一天内解锁手机的次数。也就是说,我们每天的精神要被智能手机偷走2600次以上。智能手机和我们的生活已经密不可分,甚至有人还有过"幽灵手机"的经历,总感觉自己放在口袋里的手机在振动,然而实际上并没有。智能手机本身在消耗我们的认知资源,降低我们的认知能力。有实验让800名实验者坐在电脑前考试,分别把他们分为3组,把手机调成静音模式分别放在桌上、其他房间以及书包里,实验结果表示,三组实验者成绩从高到低分别对应把手机放在其他房间、书包里、桌上。

我们的大脑喜欢"刷新",每触摸一次手机屏幕,就会有新的图片、视频、头条新闻推送给我们。大脑关注这些新的信息,就会分泌多巴胺,我们的心情就会变好。若要彻底明白这个原理,我们得追溯到几万年前我们祖先生活的那个时代。在原始时代,人们随时都有可能被猛兽攻击,所以快速转换注意力是生存所必需的能力。在无法确保安全的环境下,长时间把注意力集中在一件事物上是很危险的事情。在那之后,数千年的文明发展下来,人类的生存环境已经安全很多了。然而我们的大脑呢?它的进化速度无法赶上文明的发展速度。

应用软件的开发者无比清楚我们的大脑到底喜欢什么。为了尽可能多地推送信息，他们把能促使多巴胺分泌的装置藏进智能手机里，让智能手机一刻也不停地收发信号，随机地推送广告、热点、SNS 动态等等。SNS 更狡猾，它们会切合时机来推送，以期让使用者看了之后心情达到峰值。Instagram 上面点赞数达到一定数值，软件就会给你发消息，只有一两个点赞还不够。站在大脑的角度来看，智能手机和盲盒无异，还具有良好的性价比。比起其他的活动，我们只要动动手指就可以获得多巴胺，正是因为以上原因，我们才会整天和智能手机绑在一起。

为了不让手机偷走我们更多的时间，我们首先有必要了解，IT 公司的创始人们为什么要限制他们的子女使用智能手机。比尔·盖茨直到他的孩子 14 岁才给他们买手机。这在 97.9% 的十几岁青少年拥有自己的智能手机的韩国人看来，会觉得很惊讶。还有乔布斯，他曾经表示不让自己的子女使用 Ipad，在他之后的苹果 CEO 库克也想限制自己的侄子使用社交软件。

降低多巴胺水平以恢复我们的注意力

在硅谷流行"多巴胺绝食"运动，即远离一切刺激我们大脑的事物。智能手机、计算机或笔记本电脑都不能看，促进多巴胺分泌的音乐也不能听，剧烈运动之后也会分泌，所以也要尽可能避免，更极端的是不能进行身体接触，不能发生性关系。谁会做这些傻瓜才会做的事情呢？令人惊讶的是，Twitter 的 CEO 杰克·多西对多巴胺绝食运动表示积极支持。据说硅谷的一所私立学校禁止学生携带电子设备进校，这所学校学生的父母 75% 都是 IT 公司的管理人员。

用聊天工具报告业务，用手机支付进行购物。用智能手机代替公交卡，对准验票口扫一下便可乘坐地铁。现在也不看电视了，让已习惯看油管的我多巴胺绝食，这是可能做到的事情吗？过分地限制智能手机的使用反而会让生活变得笨重。因此我建议我们不要杜绝多巴胺，而是降低多巴胺的水平。试着在享受科技带来的便利的同时，减少那些过分依赖智能手机的行为。节食的人最先做的事情是了解身体状态，同理，我们也要测定自己对智能手机的中毒情况。智能手机种类不同，我们可在设置菜单中找到自己使用手机的时长。

·本人智能手机的中毒情况如何？了解自己使用手机的时长

三星盖乐世智能手机：设置 > 进入"数码健康及子女保护"功能，可以看到整体使用时间、每个应用软件的使用时间、解锁手机的次数、以及一天内收到的通知次数。

苹果手机：设定＞进入"屏幕使用时间"，就可以看到每天平均下来的使用时间。点击"查看所有活动"就可以看到各个应用软件的使用时间、社交和娱乐的时间。

关闭来自朋友、领导、好友申请等所有的推送通知，再把手机调成静音，工作时把手机放在显眼的地方，筛选和工作有关的消息回复就好。非工作时间里，静音状态的手机就不用管它了。等习惯静音生活之后，你就会发现，其实需要及时确认的消息并没有那么多。

虽然说我们缴纳了费用才能使用互联网和SNS，但在意识里，我们认为自己是在免费使用。然而仔细想下，我们也为之付出了注意力和时间的代价。天下没有免费的午餐。在我们不知不觉地拿起手机的时候，IT公司就在盈利，因为我们视线所到之处都是广告，每看一次浏览量就增加一个。大家要是知道在网页上一个指头大小的地方投放广告的费用是多少准会吓一跳，所以每次看手机的时候，问问自己这个行为是否真的有价值。总是不自觉地将手机从口袋里拿出来？有个方法就是将手机放包里，和人见面也不要把它拿出来。为了从智能手机中毒中摆脱，我们得给自己设立一些原则。

  为了克服大脑甜蜜的补偿，代价就是我们要更集中地做一些更重要的事情。与使用SNS时间成正比的也许是孤单和空虚，线下展开交流虽然麻烦，但能给我们带来喜悦和充实的感觉。想象一下和自己喜欢的人在一起分享喜悦的场面。虽然此时的笑容也会让我们分泌多巴胺，但这个多巴胺更健康，可以让我们更幸福。几乎没人会因为爱笑而感到空虚，和自己喜欢、爱的人们连接在一起，生活才会更幸福。

图书在版编目（CIP）数据

想和大家一起，也想一个人待着 /（韩）沈庭佑著；毛雨松译. -- 成都：四川文艺出版社，2023.10
ISBN 978-7-5411-6776-8

Ⅰ.①想… Ⅱ.①沈… ②毛… Ⅲ.①心理交往—青年读物 Ⅳ.① C912.11-49

中国国家版本馆 CIP 数据核字 (2023) 第 187516 号

著作权合同登记号 图进字：21-2023-167
같이 있고 싶다가도 혼자 있고 싶어 (I want to be alone wanting us to be together)
Copyright © 2021 by 심정우 (SHIM JUNGWOO, 沈庭佑)
All rights reserved.
Simplified Chinese Copyright © 2023 by JIANGSU KUWEI CULTURE DEVELOPMENT
Simplified Chinese language is arranged with Dongyang Books Corp.
through Eric Yang Agency and CA-LINK International LLC

XIANGHE DAJIA YIQI YEXIANG YIGEREN DAIZHE
想和大家一起，也想一个人待着
[韩]沈庭佑 著

毛雨松 译

出 品 人	谭清洁
出版统筹	刘运东
特约监制	王兰颖　李瑞玲
责任编辑	卫丹梅
特约策划	王兰颖
特约编辑	张贺年　陈思宇
营销统筹	桑睿雪　田厚今
封面设计	璞茜设计
责任校对	段　敏
出版发行	四川文艺出版社（成都市锦江区三色路238号）
网　　址	www.scwys.com
电　　话	010-85526620
印　　刷	天津鑫旭阳印刷有限公司
成品尺寸	145mm×210mm　　开　本　32开
印　　张	7　　　　　　　　字　数　130千字
版　　次	2023年10月第一版　印　次　2023年10月第一次印刷
书　　号	ISBN 978-7-5411-6776-8
定　　价	42.00元

版权所有·侵权必究。如有质量问题，请与本公司图书销售中心联系更换。010-85526620